メンタリズムの最強講義

メンタリストがあなたの心理を操れる理由

ロミオ・ロドリゲスJr. 著

MENTALISM

日本実業出版社

はじめに　机上の理論では人の心は動かせない——心理学と心理術の違い

現在、本屋に行けば、必ず心理学のコーナーがあるくらい、心理という学問についての関心は高く、多くの人がその知識を、自身の生活や仕事に活かそうとしています。

メンタリズムなどと題した書籍もたくさんあります。しかし本書の第1章で説明をしますが、一体全体この「メンタリズム」という言葉の本当の意味を理解している人がどれくらいいるのかが、はなはだ疑問です。

心理学と心理術の間には隔たりがある

ぜひ注意をして見ていただきたいのですが、多くの書籍のタイトルは○○心理学とつけられています。対して「○○心理術」とつけられているのは少数かと思いますが、私の著書を読んだことがある方であれば、私の著書のタイトルには必ず「心理術」という名前をつけさせていただいていることに気がつくはずです。

実は、**私はこの心理「学」と「術」の間に、大きな隔たりがあると考えています。**

心理学といえば必ずエビデンス（証拠、証明）を必要とします。もちろん証拠なしでは、読者の納得も得られませんし、一歩間違えると、書き手の情報操作の手段になってしまう危険性も高いので、必要不可欠なものです。きっとあなたもエビデンスがあるだけで納得をするのではないでしょうか。

エビデンスについて知っておきたいこと

では、本題に入る前に、一つ面白い実験をご紹介したいと思います。

「飛行機から飛び降りるときに、パラシュートをつけても、つけていなくても、死亡や大けがのリスクは変わらない」

さて、あなたはこれを聞いて、どう思うでしょうか？
これは私のメンタリズムのステージや講演でもよく観客や受講生に投げかける問いですが、それに対する正確な答えは驚くほど少ないのです。
どう考えても、パラシュートをつけたほうが、何もつけていない人よりは、絶対に安全だし、リスクが少ないはずですよね。

この実験の検証結果が発表されたのは２０１８年12月8日。ハーバード大学に所属する医療専門家たちが検証し、世界的に有名な医学誌ＢＭＪ（英国医師会雑誌）に掲載されたものです。


きっと頭が混乱しているはずですので、早速その検証を解説してみたいと思います

研究チームはまず18歳以上の男女を23人集め、ランダムに2組に分け、チームＡにはパラシュートをつけて飛行機から飛び降りるように指示し、チームＢにはパラシュートをつけず、単なるリュックサックをつけて飛び降りるように指示しました。

この地点で、チームＢの皆さんもよくそんな実験に参加したなと思いますよね、どう考えてもパラシュートなしで飛行機から飛び降りたら、後はどうなるかわかるはずです。

しかし、やはりパラシュートをつけた人とつけなかった人で、死亡や大けがの発生件数は変わりませんでした。

さて、なぜでしょうか？　被験者の23人はちゃんと飛行機から飛び降りています。一度よく考えてみてください。そしてもう一つ大きなヒントを差し上げます。飛び降りた23人は誰一人としてケガや死亡はしていません。全員無事です。

では、どのような状況だったのかをお伝えします。視点を変えることができた人なら、おわかりになったはずです。

そう、被験者は実際に飛行機から飛び降りているのに、全員が無事だったのは「飛行機が飛んでいなかった」からなのです。

地上に止まったままの小型飛行機から飛び降りたのなら、パラシュートをつけていようがいまいが、ケガはしないのが当たり前ですよね。

「死亡や大けがの発生件数の結果が変わらなかった」のは、飛行機が飛んでいなかったので、どちらも死亡・大ケガが0人だったからなのです。

「なんだよ、そんなのズルいよ」と思いましたか？

なぜこの検証結果をご紹介したのかというと、実は先ほど皆さんが納得をする**「エビデンス」というものは、一見しっかりした大学や研究所で導き出された研究結果であっても、前提条件しだいで信じられない結果を出してしまう**ということを理解してほしかったのです。

先ほどのパラシュート実験でも「飛行機が飛んでいない」という前提条件を知らず、固定観念で飛行機は「飛んでいる」という概念でいたなら、その検証結果に疑問符がついても、ハーバード大学の研究で有名な研究雑誌が発表しているのだから「そうなんだ」、と信じてしまう人もいるのです。

さすがに今回の検証は極端すぎて、「まさか」となったはずだとは思いますが、多くの心理学本で、このようなエビデンスを「無条件」で信じてしまう人は多くいます。

心理学はエビデンスから成り立ちますが、心理術もエビデンスは必要です。ただ、人に対して実験が行われ、正確かつ納得できるものだけが、心理術のエビデンスになりえると私は考えます。

机上の空論か、それとも実践か？

では、私が本のタイトルにつける心理「術」とは何でしょうか？　心理学とは何が違うのでしょうか？

心理「術」とはエビデンスを基にした実際に対人レベルで使用できる技術（テクニック）のことです。心理学が学問とすれば、心理術は技術ということです。つまり、エビデンスを基に対人レベルにまで突き詰めた技術であり、心理学の細部ということになります。

私は心理学というものは、この細部まで落とし込むことで、初めて意味のあるものと確信しています。

なぜなら、学問ではそのままでは人の心は読めないですし、人を操れないからです。そのことを知っていて心理術を使いこなしているのと、そうでないのとでは、心理術を会得する度合いに天地の差があります。

エビデンスはいわゆるビッグデータです。しかし、心理術は一人ひとり違う性格や気質を持つ人間に対して働きかける必要があります。個々に働きかけるにはそれ相応の「訓練」を必要としています。

心理術を会得するにはどのような経験を積むのかが大切です。その積み重ねの結果が心理「術」です。

真の心理術を会得しよう

マインドリーディングや心理術を学びたいので、そのコツを教えてほしいといってくる人がいますが、私はそんな人にこのような話をします。

「あなたの大切な伴侶と子供が海で溺れています、あなたはそれを発見し、急いで飛び込みました。さて、どちらを先に助けますか？」

さて、あなたはどんな答えを出しますか？　伴侶を先に助けますか？　それとも子供を先に助けますか？

でも、今こうして答えを考えて導き出そうとしていますが、実際にそんな場面になるとこんなにゆっくり考えることはできないはずですよね。

大切な伴侶と子供です。瞬時にどちらも助けようとするはずではないでしょうか？

つまりこのゆっくり考えて答えを導き出そうとするのが学問であり、「どっちを助けるだろうか？」と悠長に考えているのが心理学の世界です。

一方、瞬時に体が動き、その場を対応するのが心理術です。そこは「反応」の世界であり、思考の世界ではありません。もちろん反応をするためには、エビデンスを基にした**心理術の「訓練」を重ねる必要がありますが、慣れてくると、それこそ息をするように、自然とできるようになります。**

ここで誤解をする人もいるので、重ね重ねお伝えしますが、エビデンスが必要ではないといっているわけではありません。ビッグデータとしてエビデンスは必要不可欠です。しかし、先ほどのパラシュート実験でもおわかりの通り、研究によっては都合のいいような解釈も多くあり、エビデンスと聞くだけでそのまま信用するのは非常に危険です。

だからこそ、**個々の心理術が、エビデンスを基に対人レベルにまで落とし込めているのかを、しっかりと自分自身で試す必要があります。**その細部の部分を本書がお手伝いできればこれほど嬉しいことはありません。

本当に役に立つ心理術をぜひ身につけてください、それでこそ初めて心理の実用の世界へ一歩踏み入れたことになります。

2020年3月吉日

ロミオ・ロドリゲスJr.

+目次+　メンタリズム 最強の講義

Lecture 2

相手を見極める！
人の心を判断する最強の心理術

Lecture 3
相手に気持ちよく動いてもらう！人の心を動かす最強の心理術

Lecture 4
相手ともっとうまくいく！対人コミュニケーションの最強の心理術

Lecture 5

どんな場面でも役立つ！仕事で使える最強の心理術

カバーデザイン　萩原 睦（志岐デザイン事務所）
本文デザイン・ＤＴＰ　初見弘一
協力　岩谷洋昌

Lecture 1

メンタリストがあなたの「心理」を操れる理由

―メンタリズムの心得と作法―

Mentalism 1

メンタリズムとは一体どういう存在なのか

メンタリストができることとは

私がプロのメンタリストになって、2020年で18年目となります。それこそ日本で「メンタリズム」や「メンタリスト」という言葉を誰一人として知らなかった時代から、大阪の道頓堀にあったフードテーマパーク「極楽商店街」に「西洋奇術倶楽部」というメンタリズムバーを立ち上げ、看板に「日本唯一！メンタリストがいるバー」というふれこみで、多くのお客様に来店していただきました。

その後、海外ドラマ『メンタリスト』が流行り、日本のメディアでもメンタリズムという言葉が流行しました。しかし今でも多くの人に出会うと、必ずと言っていいほど、

「メンタリストって一体何をする人なの？」

「えっ、心理学の詳しい人でしょ！」

「読心術する人だよね」


など、まさに人によって、そのとらえ方が違うのです。それもそのはず、実際にメンタリストの本当の正体を知る人が少ない上、その情報を正確に知る手立てがないからです。

私は弟子を12人しかとらず、現在その全員が各方面で大活躍をしていますが、弟子全員には必ず伝えることがあります。それは「メンタリスト」とは一体どういう存在なのか、ということです。

もしあなたが**メンタリズムを学ぶのであれば、まずはメンタリストとは何かをしっかり学ぶ必要があります。**

メンタリズムは目に見える形なので感動を呼ぶ

多くの心理学や心理術が世に出回り、心や行動に関する知識を蓄えている人が多くなってきました。しかし、その知識は不透明であり、「確かに人はそんなところがある」または

「へぇ、そうなんだ、今度確かめてみようかな」というレベルにとどまります。

本書を手にとったあなたであれば、きっとこれまでたくさんの心理本を読んできた可能性が高いでしょう。

しかし、実際にその心理テクニック実践レベルまでに落とし込んできた人は、きっとそう多くはいないと思います。その理由は、現在の心理学や心理術は不透明で、万人に効果があるわけでもなく、全員に通用するわけではないからです。

それにひきかえ、メンタリストは相手の心に浮かべた数字を的中したり、相手が今から選ぶものを事前にわかっていたりと、誰にとっても目に見える形としてパフォーマンスができるため、そこに不透明性はなく、ハッキリと理解できるので、人々にとって魅力的に感じます。

もちろんこの部分はトリックを使うからこそ可能となりますが、**メンタリストはさらにここでトリックではない「心理術」を使うからこそ、観る人にとっては本当に心理術のみを使っているように見えるのです。**

メンタリズムにおいて成果を高めるには

一般的な心理学者は心理技術についてあくまでも「学問」としての解説にとどまりますが、メンタリストは「目に見える形の心理術」として見せることができるため、一気に関心を引くことができます。学問だけでは興味をひかない人でも、目に見える形になると、その心理術を信用するようになります。そこがメンタリストの強みでもあります。

私はよく次のように説明しています。

「ゴルフにたとえるなら、いわゆるメンタリズムにおいて、心理術はどれだけピンに寄せて打てるかの技術であり、トリックはホールインワンをする技術です。どんなプロゴルファーでも毎回ホールインワンは打てません。毎回ホールインワンをするためには何か工夫をしなければならないのです。メンタリストはパフォーマンスをするとき、失敗は許されません。だからピンに寄せる技術があっても、トリックを使うのです。この工夫の部分がトリックの部分であるわけです」

つまり、心理術を使用した後に起きる現象を目に見える形として確実にパフォーマンスできる、それがメンタリストなのです。

近代メンタリズムの歴史を知る

今の日本におけるメンタリストは、ほぼ間違いなく「心理術を扱う者」としてイメージされています。きっとこの本を読んでいるあなたもそう思っているはずです。この影響は海外のテレビドラマ『メンタリスト』から始まり、日本のメディアでも有名な日本人メンタリストによるものであることは間違いないでしょう。

しかし、このイメージを持ったまま、メンタリズムを学んでも、あなたは決して正しい心理術を身につけることはできません。

メディアでパフォーマンスされているような、相手の心に思っているようなことを言い当てることができる読心術や、相手が何を持っているのかを言い当てることなど、同じことがすぐにできるようになるなんて、夢のまた夢です。

なぜなら、テレビなどでパフォーマンスをされているものは、心理術で心理学でもなんでもなく、いわゆる「マジック」だからです。タネも仕掛けもあるマジックだからこそ、100%相手の考えていることを言い当てることができるのです。

日本にはそこまで情報がないと思いますので、世界の代表的なメンタリストをご紹介したいと思います。

▼マックス・メイビン（Max Maven、1950年〜）

アメリカ合衆国生まれのマジシャン・メンタリスト。いわゆるメンタリストの大御所で、私たちの業界で知らない人は絶対にいないぐらい有名です。メンタリストを語る人で、この名前を知らなければ、本当のメンタリストではありません。

▼セオドール・アンネマン（Theodore Annemann、1907年〜1942年1月12日）

アメリカ合衆国の奇術師・メンタリスト。いわゆる近代メンタリズムの創始者であり、偽超能力者や偽霊能力者の使ってきたテクニックをパフォーマンスの形に変えた人物でもあります。私たちメンタリストが現在使っている様々なテクニックの源流となっていると言っても過言ではありません。

▼ダレン・ブラウン（Derren Victor Brown、1971年2月27日〜）

イギリスのメンタリスト、マジシャン、催眠術師。テレビ『世界まる見え！ テレビ特報部』にもよく登場するので、知っている人もいるかもしれません。催眠をメインとした流れでパフォーマンスをすることが多いです。

さて、ここまで3人の超有名なメンタリストをご紹介しましたが、1つ共通点を見つけたのではないでしょうか？　そう、メンタリストと同時に、皆さん、「マジシャン」でもあるのです。メンタリズムというのはいわゆる「メンタルマジック」と言われるジャンルであり、マジックの世界の流派の一つなのです。

メンタリズムを的確に表した言葉

3人の中で近代メンタリズムをつくったのは誰なのか？　それは「セオドア・アンネマン」でしょう。

1907年アメリカ生まれのアンネマン氏は、当時超能力に近い現象（透視・予知など）を起こす奇術「メンタルマジック」の分野で活躍し、近代のメンタリズムの礎を築きました。

現代と違い、読心術などの心理カテゴリーよりも、超能力のカテゴリーのほうが人気であり、日本でもおなじみのスプーン曲げは、この当時から存在していました。

数々のメンタリズムを開発してきたアンネマンでしたが、1942年、34歳のとき、ショーの直前に自殺をしてしまいます。この頃は、偽霊能力者や偽超能力者の秘密を暴いていたこともあり、自殺と見せかけた殺人ではないのか、そんな噂もささやかれました。そんなアンネマンはこんな言葉を残しています。

「メンタリズムは、効果が第一（Effect is everything)。方法はその次」

つまり現代に当てはめてみると、メディアで演じられている**メンタリズムは、「トリックなのかどうかが問題ではない。いかに人々の目に見える形として表現ができるのかが重要である」と言っているのです。**

本物のメンタリストを目指そう

メンタリズムというのは、トリックが存在して、その大元に「本物の心理術」が存在するからこそ、本物の読心術に見えますし、相手の心を誘導できます。

例えば、先ほどご紹介したイギリスのダレン・ブラウン氏。彼はメンタリストであると同時に、本物の催眠術を使って相手を暗示にかけ、誘導します。

もし彼のパフォーマンスを見たいのであれば、ユーチューブ動画で彼の名前を検索すればいくらでも出てくると思いますが、まずはネットフリックスで彼のテレビ番組やステージショーなどを見てみることをオススメします。

彼のパフォーマンスを見てもらえばわかると思いますが、本当にマジシャンなのかという疑問がわくはずです。多くの人が心理術だけを使っていると勘違いをすれば、それはそれで一つのパフォーマンスだと思います。このような本物の心理術が使える世界のメンタリストから見ると、まだまだ日本のメンタリズムのレベルは世界レベルではないと言わざるをえません。

さて、日本では知られざる「メンタリスト」の正体をお教えましたが、もちろんこの本を読んでいるあなたなら、きっと本物のメンタリズムや心理術を身につけたいと思っていると思います。

この章では、ここから**本物のメンタリストが、何に注意し、どこに着眼点を置き、どのように相手の心を読み、誘導していくのかを、私の経験を交えながら、あなたにお伝えしたいと思います。**

Mentalism 2

本物のメンタリストは「観察」から次につなげる

観察でわかるその人の思考や心の内

私がステージなどで必ずと言っていいほど行うパフォーマンスがあります。その演目は「ライアーゲーム」と呼ばれるもので、簡単に言えばお客様が私に嘘を言い、私は誰が嘘をついているのかを当てる、というパフォーマンスです。

客席からお客様を7名選び、ステージに上がってきてもらいます。もちろん無作為で選ぶので、場合によっては適当にお客様自身に選んでもらうこともあります。

ステージに立っている7名に対して、これから「白いチップ6枚」と「赤いチップ1枚」の入っている紙袋に手を入れてもらいます。その際、よく混ぜてから、1人ずつに中身を選ばず、チップを1枚手の中に隠し持ってもらいます。そしてそれを繰り返して全員にチップを持ってもらいます。

次にお客様に1人ずつ「あなたが持っているのは赤いチップですか?」と聞きます。お客様は手の中に赤いチップを持っていようと持っていまいと、必ず私に「はい、赤いチップを持っています」と答えてもらいます。

つまり、6人が私に嘘をつき、赤いチップを持っている人だけが本当のことを言うわけです。

この演目の面白いところは、着席しているお客様も楽しめることです。席から、はたして誰が赤いチップを持っているのか、ステージ上のお客様が行うしぐさや、返事をするときの挙動などを見極め、まるで犯人探しのようなスリルも楽しめるわけです。

マジックかそれとも技術なのか

さて、ここで考えていただきたいのですが、7人の中で、誰が赤いチップを持っているのかを当てるこの「ライヤーゲーム」は、はたしてマジックなのか、それとも本当に人の表情を読んで当てているのか、どちらだと思いますか？

前述のように、メンタリズムはマジックのジャンルと話しましたので、きっと「マジック」と答えるかもしれませんが、実はこの演目こそが、本物のメンタリズムの姿なのです。

日本のメンタリズムは器械を使うことが多くトリックだけを使ったマジックの域を出ないものがあります。

当然ですが、器機でカンニングができるなら、誰でも正解が出せます。要は技術ではなく、お金を出して器械を手に入れることができれば誰でもメンタリズムを演じることができます、

まさに日本のメンタリストはそのような人が多いと私は思っています。しかし、私が説明した**「本物のメンタリズム」というものは、マジックに心理術が加わった状態です。**この「ライヤーゲーム」がまさに、このマジックに心理術が加わったパフォーマンスなのです。

いったいどういうことなのか？

実はこの「ライアーゲーム」で赤いチップを誰が持っているのか、考えてみれば7分の1の確率になるのはおわかりでしょう。しかし、私はあるトリックでこの確率を2分の1に変

えることが可能なのです。7から2分の1、つまり正解が飛躍的に上がるということです。さすがに「どのようなトリック」を使用しているかは説明できないのですが、タネも仕掛けもあるトリックであることは申し上げておきます。

相手の表情の細かい動きを「観察」する

さて、ここからが本物の心理術を使う出番です。トリックによって7人から2人に絞ったところで、勝率は50％です。飛躍的に当てる確率は上がったものの、本番では外すことができないわけです。

では、ここから本物のメンタリストは何をするのか？

それは「**観察**」です。

観察をする箇所は、相手の顔の表情、いわゆるマイクロエクスプレッションです。日本語では「微表情学」と言いますが、質問をすることで、相手の表情の微細運動を見るわけです。

微表情とは、抑制された「真の感情」がフラッシュのように一瞬で顔に表れて消え去る表情のことを言います。その多くは0・2秒以内に起きる表情なので、通常の会話では80％近くが見落とされてしまいます。

なかには微表情学という学問はエセ学問と話す人もいるようですが、私からすると、微表情が読めない人間のたわごとだと断言します。微表情は確実に存在し、私が若い頃にカジノでディーラーをしていたときには、このテクニックがあるおかげで、目の前のプレイヤーがどんなことを内心で考えているのかをハッキリと知ることができ、カジノで生活費を稼ぐことができたのです。

このように**顔の表情だけではなく、もちろん観察すべきところは他にもたくさんありますが、そうした細かい説明よりも、まずはいわゆる観察力を身につけていただきたいと思います。**

人の心を読めるようになるための観察というと、まずはどんなことが思い浮かぶでしょうか？　きっと思い浮かぶのは「人間観察」ではないでしょうか？

もちろん人間観察も悪くはないのです。しかしよく考えてみてください、どのように答え合わせをするのでしょうか？　まさか人間観察をして、その人の後を追いかけて、

「すみません、あなたの性格は○○でしょうか？」

とはとても聞けないと思います。

絵画で「観察力」を高める

そこで私たちのようなメンタリストが観察力を上げる方法をお伝えします。

それは「**絵画**」です。

なぜ絵画なのか？　それは「答え合わせ」ができるからです。

ある絵を観察し、その絵のタッチ、絵の色の具合、絵師はどのような気持ちでその絵を書くのかを深く考え、それらを調べることで、その観察が合っているどうかを知ることができるわけです。

最初はまず風景画や人物画で練習し、絵師はどのような気持ちでその絵を書いたのかを考えます。そして正解率が上がってきたら、徐々にステップアップして今度は印象画などで練習を続けるわけです。

一見メンタリストとは関係のないように見える絵画の観察。しかし、これが最も観察力が上がる方法なのです。

「ライアーゲーム」は一見、7分の1を当てるゲームに見えますが、本当は50%の確率を当てるゲームなのです。ただし、50%と言えど、毎回成功させなければなりません。メンタリストはそれを成功させるために日々実践を繰り返すのです。

Mentalism 3

「人の表情」はたくさんの情報を教えてくれる

トリックなしの心理術だけのパフォーマンス

メンタリズムのパフォーマンスをしていくと、観客の中には「これはマジックでしょ?」と言ってくる人が一定数存在します。もちろんすでにお話したように、トリックは存在します。

しかし、そんな人にも驚いてもらうために、ガチでトリックなしの心理術のパフォーマンスを行うこともあるのです。といっても、やはりさらなる驚きを持ってもらうため、本人も気がつかないようにこっそりと仕掛けはします。

これはNLP(神経言語プログラム)を学んでいる人ならよく知っているゲームでもありますが、私がステージ行うやり方を紹介しつつ、あなたにも再現できるような方法をお伝えします。

「ライク・オア・ディスライク」

まず、観客にステージに上がってきてもらいます。

次にメモ帳を渡し、嫌いな人の名前を書いてもらいます。

そしてその紙をメモから破り、くしゃくしゃに丸めて、机の上に置いてもらいます。

そして
「はい、では今書いたその嫌いな人をよくイメージしてみてください」

と言います。この時、メンタリストはその観客の目線や仕草、または全体の動きを把握していきます。

次に再度メモ帳を持ってもらい、今度は好きな人の名前を書いてもらいます。

先ほど同様、紙をメモ帳から破り、またくしゃくしゃに丸めて、机の上に置いてもらいます。

「はい、ではまたですが、次は好きな人のことをイメージしてみてください」

と、今度もメンタリストはその観客の目線や仕草、または全体の動きを把握します。

次にメンタリストは「では、次に適当に友だちや知り合いの誰かをイメージしてみてください。いいですか？　詳しく、詳細にイメージするのです」と言います。

すると、メンタリストは次々と観客がイメージしている人を好きなのかどうか言い当てるのです。

それを数名繰り返した後、おもむろに丸めた2枚の紙を拾い上げ、その名前を読み上げながら、誰が好きな人なのか、どれが嫌いな人なのかをぴったりと言い当てるのです。

次々と言い当てられた観客は、それがマジックであるということを心から疑うでしょう。

顔の表情には一定のパターンがある

さて、いかがでしょうか？　いったいメンタリストはどのようにこのパフォーマンスを行ったと思いますか？

実はこの**観客が嫌いな人、そして好きな人を書いてもらい、その後にイメージをしてもらったとき、そのときの顔の表情の変化を観察していたのです。**

嫌いな人をイメージしたときの目線はどうだったのか？
どちらに向いていたのか？
口角が上がっていたか？
下がっていたか？
反対に好きな人をイメージしたときは、瞳孔が大きくなったか？
それとも小さくなったか？
少し笑みが浮かび、目尻が下がったか？　下がらなかったのか？

などの情報を観察するのです。

すると面白いように、明らかに好きな人と嫌いな人を想像したときの表情が違うことを見つけることができるはずです。

ほとんどのパターンにおいて、嫌いな人をイメージしたときに人は、鼻筋のしわがより、

まるで悪臭のニオイをかいたときのような表情になり、口角は下がり、眉間は下がるようになります。

反対に好きな人をイメージしたときに人は、目尻が下がり、口角が上がり、笑みを浮かべることが多いのです、

もちろん観客もあからさまにそのような表情をしませんが、いわゆる顔の微細運動、ほんのわずかな動きを見てとることができます。しっかり観察をすれば、問題なく見つけることができる違いなのです。

こうして、次の適当に浮かんでもらった人のことを想像してもらったとき、その好きか嫌いかの違いは表情に表れるので、非常に簡単にいい当てることが可能になるというわけです。

メンタリズムはトリックと心理術の融合

では、最後に名前を書いてもらったのをぴったり当てられたのはなぜなのか?

そこがトリックの出番です。今回この本を読んでいただいているあなただけに教えます。

実はメモ帳を渡す前に、紙にあることを仕込んでいたのです。

それは何かというと、最初に嫌いな人の名前を書いてもらう紙に、はさみで小さくカドを切っておくのです。もちろんメモを渡すときにはその紙を開いて書いてもらうので、嫌いな人の名前が書かれている紙のカドは「必ず」切れているということです。

一方、好きな人の名前が書かれている紙のカドは切っていないので、すぐにそれが好きな人だということがわかります。そしてくしゃくしゃに丸めてもらうのは、そのカドが切られていることに気づかせないためなのです。

丸めていない紙を再度確認されたとき、紙がキレイ過ぎると、カドが切られていることに気がつく人も存在するので、その予防のためでもあります。

さて、おわかりになりますか？　メンタリズムがなぜマジックと違うのか？

このようにトリックだけではなく、本物の心理術も使っていて、メンタリズムはまさにトリックと心理術の融合なのです。

このことに気がついた人が、本物のメンタリストになれるのです。

Mentalism 4

融通が利かない頭の固い人間には、「ゴーストタッチ」を見せる

なぜ、人は自分も他人も変えることができないのか？

メンタリストをしていると、不思議とたくさんの人から相談をされます。

「事業をしているのですが、どっちに進んだらいいでしょうか？」
「彼女との復縁の仕方はないですか？」
「家族との関係を改善したのですが、どうすればいいですか？」

などです。占い師か何かと間違っているのではと言いたくなるのですが、そんな多くの人はすでに自分の答えを持っているので、私はいつも「あなたはどうしたいのですか？」と聞

き、その回答を聞いてから「はい、絶対そのほうがいいですよ」と答えるようにしています。それでも相変わらず同じように相談に来られるし、「ロミオのアドバイスはとても的確」と評判をいただいたりします。

不思議だと思いませんか？

私は答えもアドバイスもしていませんし、ただ単に本人が言ったことに同意をしただけです。それでも私自身の信用は落ちることはないのです。

結局、人は自分の意見を聞いてほしいだけ

実は人間たるもの、そうそう性格が変わることはありません。よく「周りの人を変えたいのであれば、まずは自分から変わりなさい」というのがありますが、実はあなたが変わったかどうかは、他人の変化には全く関係がないのです。

相手は変化をしたのではなく、あなたの変わった姿を見て、その姿に自分の意見を変えただけで、決して本質的な部分が変わったのではないのです。

つまり人は基本的には人の意見を求めていなく、ただ聞いてほしいだけ、もしくは背中を押してほしいだけで、何も変化を求めていないということなのです。

思い込みという心のフレームの外し方

しかし、このような事実があっても、「自分の意見を通したい」「相手の性格を変えたい」と相談に来る方がいます。そんな人たちには思い込みという心のフレームの外し方を教えますが、どのように外すかを私のパフォーマンスで伝えることがあります。

私の演目に「**ゴーストタッチ**」というものがあります。

実に多くのテレビ番組でお見せしているものなので、もしかするとあなたも知っているかもしれません。簡単に言えば、触られていないのに、目に見えない幽霊のようなものに触れていると感じるというものです。

この演目は、2人のお客様をステージにあげます。一人には目を閉じてもらいますが、もう一人の人の背中を指で触ると、目を閉じている人の背中も同じように触られたと感じるのです。

この演目では私はよく「幽霊、または悪魔が私と同じことをする」という説明をして雰囲気を持たせるようにしています。

では、この演目と心のフレームの外し方とは何の関係があるのでしょうか？

思い込みを外せば相手はガラリと変わる

ゴーストタッチという演目は、２つのステップから成り立っています。

最初は背中を触られていると感じ、その次に鼻を触られていると感じます。

最初の背中を触られた段階では、多くの観客からは背中が見えないので、メンタリストは観客が見ていないところで何かをしているのではないのか？　と疑いを持つのです。つまり触っていないと言いながら、本当は触っていたのではないのか？　という疑念です。

私はこの観客の疑いにわざと触れます。わざわざ口で説明するわけです。

「皆さんもきっと、私が見えないところでこの方の背中を触っているのではないかと考えていますよね」

実はこれは心のフレームをつくる作業となります。相手の心の中で「目の見えないところ

で触れている」という既成概念をつくるのです。

そして次にこのように言います。


「では、もう一度同じことをやりましょう。次は私がこの方の体に触れるかどうかをしっかり見ていてください」


ここからの観客の集中力は凄いものです。私の動きを見逃すまいと、まばたき一つしません。もちろんその間、私はいっさい目を閉じている人の体に触れません。

それは観客もハッキリと確認することができますが、目を閉じているお客様は、ハッキリと「鼻を触られた」と感じるのです。鼻は観客が全員しっかりと見えている場所であるにもかかわらず、です。

疑い深い人間は、必ず最初の「どこかで背中を触れているはず」という思い込みに固執します。「絶対にそうだ。それしかない」と考えるわけです。しかし、私はある違う方法で、明らかに鼻を触っていないのに、触ったように感じてもらうことができます。

そうすると「絶対にどこかで触っている」という思い込みの心のフレームが外れ、自分の考えに自信を持てなくなり、私がその人自身の概念を超越した人間であると感じはじめ、こちらの言うことを信じるようになるのです。

あなたも自分の意見を通したい、または相手の考えを変えたい場合は、このように「相手の既成概念を変える現象」を起こすことです。そうすれば必ず相手は変わります。

Mentalism 5

「場の支配力」を持たない者は、何者にもなれない

場の支配力が弱いと、誰もあなたを見てくれない

私がメンタリストとして活動をしていく中で、必ず最優先で注意することがあります。それは「場の支配力」です。

どうしても支配という言葉に抵抗感を覚える人がいるかもしれませんが、この力なくして、メンタリズムを遂行できることはないと断言できます。

講演でもパフォーマンスのステージでもそうなのですが、その場を支配できなければ、誰も注目して聞いてくれないし、見てくれもしません。たとえ、両者が同じことをしていても、場を支配した人物に軍配が上がるのは目に見えています。

例えば、道を歩くと遭遇する大道芸人の皆さんの芸の数々。その中でも全く人が集まらな

い大道芸人もいれば、実に多くの人が集まる大道芸人もいるわけで、その違いは何かと言うと、もちろんトークの仕方や注目してもらうための努力は当然のこととして、決定的なものは〝場の支配力〟なのです。

では、場の支配力というものは、いかに培われていくのか？

実はこの言葉のイメージとは裏腹に、場の支配力を身につけるためには「脱力感」が必要であり、そしてイメージ通りの「圧倒的な自信」が求められます。この2つをバランスよく体得したとき、間違いなくその場を支配することができるようになります。

よいですか？　バランスが大切です。どちらかが偏ってもいけません。脱力感が多いと、ただのやる気のない人間に見え、人からバカにされます。一方で圧倒的な自信が目に見えて過剰だと、人をバカにしていると映ってしまうのです。

では、なぜこの2つが場の支配力につながるのかを説明していきましょう。

場の支配力を持つための「脱力感」と「圧倒的な自信」

まず覚えていただきたいのは、観客に強い印象を与えるのは、メンタリズムの現象ではありません。もし現象が一番強い印象を与える役割になっているのであれば、誰がパフォーマンスをしても、その差はないはずです。

しかし、色々なメンタリズムのステージで同じ現象を見ても、やはり印象が際立つ演者もいれば、全く面白くないと感じる演者もいます。

私が弟子メンバーに口酸っぱく言っているのはこの点で、ありがたいことに、言葉の真意をくみとってくれていて、私の弟子メンバーが日本一のメンタリストを決める「メンタリスト・バトルロワイヤル大会」に見事優勝し、しかも3位まですべて弟子メンバーで占めるという快挙となったのです。

メンタリズムで大切な脱力感とは

では、まず「脱力感」について。これは説明をすることもないと思いますが、言葉通りに「脱力」をすることです。**肩に力を入れず、常にリラックス**していて、まさにブルース・リーの言葉通り、体を「BE　WATER」（水のようになれ）です。

パフォーマンスをしている人を見ると、やはり上手な人は、肩の力が全く入っていない状態が多いです。これはスポーツでも同じことですが、体に力が入っているとパフォーマンスが極端に落ちるということは、試合を経験している人であればよくわかることでしょう。

観客から見ても**「あっ、なんかこの人、緊張しているな」と思われた瞬間に、観客の心理的立場が優位になる**ので、あなたがどんなに凄い現象を起こしたとしても、全く心に響かなくなります。

脱力をするというのは、まさに心理的な優位性を持つために、とても必要なことなのです。

メンタリズムで大切な圧倒的な自信とは①……ボディーランゲージ

では2番目の「圧倒的な自信」はどのように手に入れるのでしょうか？

実に多くの人は自分自身の自信を持っていません。ここで「圧倒的な自信」を手に入れましょうといっても酷な話です。しかし心配は不要です。なぜなら**圧倒的な自信があるように見えればいい**だけの話なので、実際に必要であるわけではありません。

では、どのように圧倒的な自信があるように見せるのか、そのリソースを説明します。

まず、必要なのはボディーランゲージの使い方を学ぶことです。

相手に情報を与えたい場合、視線やジャスチャーを含めた情報は55％とも言われています。いわゆるノンバーバル情報というものですが、チャップリンなどの喜劇を見れば、いかに言葉がなくても、情報は伝わるものだと感じることができることでしょう。

一番いいのは演劇を学ぶことですが、そこまでしなくても、**ジャスチャーの示す心理的な意味を学び、それを活用する**ことで、ノンバーバルは非常に有効に生きてきます。例えばアメリカの大統領などがよくやる指や手のしぐさの意味を知り、同じようにやれば、人は同じようにノンバーバル情報として受け取ってくれます。

メンタリズムで大切な圧倒的な自信とは②……声の使い方

次に必要なのは声の使い方です。

声がうわずっていたり、どもっていたり、小さかったりすると、それを聞いている人は一気に心理的優位に立ちます。

声を使う場合、必ず「抑揚をつける」ことです。重要な点を話すときにはゆっくり大きく、さらっと流すときは平常な声で普通に話せば問題はないでしょう。これを「ピッチ」と言います。物語を話す人の話し方を参考にすればいいでしょう。

しかし、ここだけの秘密ですが、実は「**早口で話す**」ほうが、人は聞いてくれるようになります。実際、人は語尾だけである程度内容を把握するので、ゆっくり話す必要はないのです。

多くのメンタリストが早口なのは、そのような理由があるのです。早口だと重要なところだけはできるだけ「ゆっくり大きく」話すことで、さらに強調することができるようになります。

この2つを身につけることで、間違いなく「圧倒的な自信」があるように見えます。後はこの「圧倒的な自信」に「脱力感」が加わると、間違いなく「場の支配力」が身につくことでしょう。

Mentalism 6

メンタリストは「ストーリーテラー」であれ

見せるのは現象ではなく「世界観」

よく、メンタリズムのパフォーマンスを行う人が、その現象の凄さに固執する場面に遭遇します。

「この演目ならきっとみんな驚いてくれますよね」
「どうですか？　こんな現象では、目を丸くしてビックリするはず」
「これ凄いでしょう！　絶対に引いてしまうくらい凄いと感じてくれるはず」

など、いわばまだ途上のメンタリストほど、現象にこだわりを持つのです。

これはメンタリズムにかかわらず、すべてに当てはまることだと思います。

例えばスポーツであれば、あなたの技術がどんなに凄くても、勝たなければ全く意味がないのと同じことです。あなたがどんなに人前でプレゼン技術がうまくても、その結果全く売れなければ、そんな技術は評価に値しないのではないでしょうか。

しかし、**メンタリストが現象だけではなくて、パフォーマンスに「世界観」を持たせたとき、そのときに初めて人は心を動かします。**

例えば次のような演目で、パターン1とパターン2のどちらに耳を傾け、面白いと感じるでしょうか？

パターン1

ここに、裏返しにしているカードが40枚あります。表には丸か四角のどちらかが書かれてありますが、まだお見せしません。これからカードを裏返しのまま1枚ずつお見せします。もしそのカードが丸と思ったら「丸」、もし四角と思ったら「四角」と言ってください。それぞれのカードは別々に分けて2カ所に置きます。

40枚すべて終了したら、丸といったカードは本当に丸なのか、それとも四角なのかを表に返して確認してみましょう。

パターン❷

1950年にアメリカの大学でライン博士という人物がいました。彼は人間の超能力を研究し、そのかたわら本物の超能力者を捜していました。その理由はたった一つ。実は博士の妻は事故で亡くなってしまい、博士はどうしても妻ともう一度逢いたいという思いが募り、本物の超能力者や霊能力者ならそれができるのではないかと考えたわけです。

こうして本物の超能力者を捜すことに専念をしはじめたのですが、やがて開発したのがこのESPカード、丸や四角、波マークなどのシンプルな模様が描かれているシンプルなカードです。このカードを裏から見て、一定の確率で言い当てることができれば、その人は超能力があるという証明になります。

妻を亡くすというのはとても悲しい出来事ですが、このライン博士のおかげで、超心理学という分野が生まれたのは間違いのない事実です。

さて、ここに裏返しにしているカードが40枚あります。表には丸か四角のどちらかが書かれてありますが、まだお見せしません。これからカードを裏返しのまま1枚ずつ順にお見せします。もしそのカードが丸と思ったら「丸」、もし四角と思ったら「四角」

と言ってください。それぞれのカードは別々に分けて2カ所におきます。40枚すべて終了したら、丸と言ったカードは本当に丸なのか、それとも四角なのかを表に返して確認しましょう。あなたに超能力があればきっと正解率が高いことでしょう。さて、挑戦してみますか？

いかがでしょうか？　どちらがより楽しめ、その話の内容の中身に集中できたでしょうか？

間違いなく9割以上の人がパターン②を選んだと思います。これは一体どうしてそうなったのでしょうか？

人は生まれたときから「物語」が大好き

認知心理学の第一人者であり、「認知と情動の3つの処理レベル」を提唱するドン・ノーマン氏は、自身の著書に「人間は生来、物事の原因を探したり、説明や物語をつくり上げるようにできている」と解説しています。

人はメンタリズムで起こした現象のように、何か新しい出来事や物事に直面したときに、

説明を探そうとして頭の中で「物語」をつくり出し、その出来事を理解するために使っています。

その際、今まで体験したことのないようなメンタリズムという現象では混乱をきたすため、**本物のメンタリストが、現象だけではなくしっかり「物語」を語るのは、人間のこの特性をよく理解しているからに他なりません。**

よく思い出していただきたいのですが、幼稚園に通うような小さなお子さんが、一番集中して、じっと座っている時間はなんだと思いますか？　そう、絵本を読んでもらえるとき、つまり物語を聞いているときなのです。

これは大人でも変わりません。仏教の釈迦やキリスト教のイエス・キリストだって、民に話すときには、必ず伝えたいことを物語として話します。人間が物語を好むのは、必然的なことかもしれません。

また、これはメンタリズトに限らずですが、現在は情報が成熟している時代ですので、単なる情報だけでは人の心には響きません。先ほどのパターン①はまさに単なる情報の伝達ですので、パターン②と比べたときに、少しは肌でその違いを感じとっていただけたのではないかと思います。

産業革命の後にやってきた情報革命、その情報革命が新しい時期に入り、今はストーリーの時代に入ってきました。

SNSなどでも「ストーリー」という機能が現れはじめたことでもわかるように、**今、人は「物語」に飢えています。私たちメンタリストはまさに、このストーリーというものを利用しているのです。**

Mentalism 7

すべてを「言い当てる」メンタリズムの秘密

なぜ秘密を言い当てることが可能なのか？

２０００年初頭、当時はまだスピリチュアルカウンセラーの著名な人物がメディアに出演を続けており、全国で公演を行っていた時代でもありました。私は勉強のために数回その公演に出向いて、実際にどんなことをするのかをこの目で確かめてきたのですが、その中でも面白かったのが公開カウンセリングでした。

会場に来られているお客様が開演前に悩みを書き、ボックスの中に入れ、公演の後半に差し掛かる頃、来場の観客の前でボックスから無作為に選び、その悩みを書いた人をステージに呼び、テレビ番組のさながらの公開カウンセリングを開始するのです。

その数カ月後に私自身が東京の青山円形劇場でショーを控えていたのもあり、何か演目のヒントがないかと探していたので、私はその公開カウンセリングを見た後、すぐに演出家の方に連絡して、同じようなことをしたい、自分のショーの中でもこの公開カウンセリングを取り入れたいと相談をしました。あんなにウケがいいのなら、やらない手はないと感じたからです。

ここで一つの疑問が湧いてくると思います。私にそのスピリチュアルカウンセラーと同じようなことができるのかと。しかし、残念ながら、簡単にできてしまうのです。

もちろん私はオーラを見ることもできなければ、背後にいる守護霊というものも見ることもできません。だが、全く同じことができるのです。ただ勘違いをしてほしくないのですが、私はその人物に霊的な力がないと言っているのではなく、あくまでもテクニックを使って同じようなことができると言っているのです。

では、どんなテクニックを使えば、人のことを言い当てたりすることができるのでしょうか？　それがメンタリストの必須項目とも言われている「**コールドリーディング**」です。

コールドリーディングとは話術の一つで、相手の外見や話し方、何気ない会話などを観察して、色々な情報を読み取り、相手のことを言い当てる技術です。

当たっても外れても、すべてが正解

コールドリーディングの例を紹介しましょう。

まずステージに上がってもらう人を選びます。例えばその人が40歳から55歳までの男性の場合、私はその人が何について悩んでいるのかを聞くまでもなく、このように話しはじめるでしょう。もしあなたが同じくらいの年代なら、私から直接言われていると想像してみてください。

「あなたは最近ふとした瞬間に、残された人生で自分がまだできることは何か？という自問自答を繰り返していると思います。昔のことを思い出すことも多くなり、あのときの選択をしていたら、今頃どうなっていたのかと、人生の岐路の選択について考えがよぎりますよね。

あっ、すみません、今少し靄《もや》のようなものが見えたので、ちょっとお伝えしますが、背中から腰に関して、何か身体的な不調で不安がありますよね？　あっ、ところでまた気になったのですが、「まゆみ」という名前に見覚えはないですか……」

さて、逆にこれが36～55歳の女性なら私は次のように読み取るパフォーマンスをします。

「あなたはちょうど今の人生における仕事、またはパートナーの選択が正しかったのかどうかの確信を持ちたいと思っているはずです。特にあなたの場合、40代以降で仕事やパートナーを変えるという選択がふと頭をよぎっているはずです（50代なら過去形）。最近は特に人のことを見抜く力が強くなりましたね。安定よりも目標達成に興味が出てきたのではないでしょうか？
ところで気になっていたのですが、頭の上にある名前が浮かんでいるのですが、「まこと」という男性のような気がします。何か心当たりはないでしょうか……」

いかがですか？　きっとこの年代では8割以上の人は言い当てられたと感じるはずです。ドンピシャなら大当たりです。しかし、ここで「いや、なんか違うような気がします。あとその名前に見覚えはないです」と言われたらどうでしょうか？

それって「はい、残念ながらハズレですね」となるのでしょうか？　いや、ここがコールドリーディングという手法の凄いところです。

引き続き、相手が外れたと感じた場合、私は素早くこう返します。

「そうですね。あなた自身も気がつかなかったことかもしれませんが、無意識ではそのように感じていますので、間違いなく数カ月後にはそう感じるようになります。またお名前に見覚えがないと言いましたが、私にはハッキリと見えるので、間違いなく出会っていたのだと思います。
あなた自身が忘れている可能性……あっ、そうか！　まだ出会ってないのか、すみません。どうやら私が見ていたのは近い将来のようです。そう遠くない未来に必ずその方が現れますよ……」

ズルいと思いました？　そう、**コールドリーディングは当たっても外れても、まったく問題がないのです。当たったら万々歳、外れたら未来に逃げる、それだけです。**

未来のことを言ったところで、現時点では確認はできませんし、もし運よく本当にそんな出来事が未来に起きるなら、これは当たったことになりますし、たとえ外れていても、そんなことを人はいちいち覚えていないのです。

未来を当てる予言のようなフレーズ

私たちメンタリストはパフォーマンスをする際、このようなテクニックを演目に入れることが非常に多いのです。相手は自分のことを言い当てられて、その驚きで頭がいっぱいになります。

最後に私が最も使うフレーズを教えしましょう。必ずその人の未来が当たる予言のようなフレーズです。

「もう少し経てば、新しい出会いがありますね」

「気をつけてくださいね。何かの病気やケガをしているように見えます。しかし、それはそんなに大きなものではないのでご安心ください」

「もうすぐあなたのご家庭、特に夫婦間でちょっとしたイザコザが起きますね」

本当にこんなわかりやすい言葉で当たったと信じるのか、と思えるでしょうが、このフレーズ、占い師が必ず使うものなのです。そのことを知れば、ちょっと見方が変わるかもしれませんね。

Mentalism 8

メンタリストは選ばせたいものを「選ばせる」ことができる

人は直前に見たものに影響される

メンタリストにとって、相手にこちらの意図したものを選ばせるのはそんなに難しいことではありません。例えばこんな事例がありますので、ご紹介したいと思います。少し想像力を働かせて、まるでその場にいるかのように、しっかり情景をイメージしてみてください。

あなたと私はどこかで落ち合うことになり、その後にカフェに行くことになりました。2人でカフェに向かっていく途中、昔懐かしいボードゲーム屋があったので、少し中を見ることにしました。

店の中には懐かしいゲームがたくさんありました。見たことないほど大きな駒のオセロゲームもありました。あなたは驚きながらそのオセロの駒を見て、少し興奮を覚えます。すっかり楽しめたので、今度こそカフェに向かうことにしました。

お店に入ると、新しいメニューが並んでおり、可愛いキャラクターのコップが並んでいました。今なら好きなキャラのコップを選ぶことができるというので、あなたは直観で選んでみました。

❶ゾウ
❷アザラシ
❸パンダ

さて、あなたはどの動物のキャラを選んだでしょうか？


きっと8割以上の方が、パンダを選んだのではないでしょうか？

もうおわかりだと思いますが、**私たちは直前で無意識または意識の中で見たり、聞いたりしたものに影響されることが多いのです。**

知らないまま、見たものに影響されているという事実

この例でいえば、影響を受けたのは間違いなくオセロですね。例え文章の中に白と黒という文字を書かなくても、オセロの色を映像で視覚できていれば、白と黒という色が意識の中に埋め込まれるわけです。そして動物のキャラクター選んだとき、自然と白と黒の色をもつパンダを選んでしまうということです。

もしかするとあなたはこう考えたかもしれません。「そんなズルいよ。だって事前に白黒のものを見れば、パンダを選ぶ確率は高いに決まっている」と。

しかし、今あなたはこの本を読んでいて、何かの心理的な仕掛けが待ち受けていると身構えているはずです。そんな状態ではそう思っていることでしょう。

しかし、普通はそんな状態とは知らないまま、人は誘導されているのです。そのほとんどが気がつかない。私はこれまで無意識にパンダを選ぶようなケースをこの目で何度も見てきたので、自信を持って断言できます。ほぼパンダを選ぶと。

選んでもらいたい図形を選ばせる心理テクニック

もう一つのやり方もご紹介しましょう。次は選ばせたい図形を選ばせる技術です。

簡単なシンボルを思い描いてみてください。

本当に簡単なもので大丈夫です。四角を選んでもいいですし、もちろん三角でも問題ないです。クロスのような十字でもいいですね。さぁ、パッと思いついた簡単な図形です。

はい、ありがとうございます。これは7割の確率ですが、あなたが男性ならマル、女性ならハートを選ぶことが多いでしょう。

もしこのときに違うシンボルを思い描いた場合、それはメンタリストの質問のスピードと間のタイミングが悪いときです。

私はステージでこの質問をするとき、実に9割の方が前述のようなマルかハートを答えてくれます。実は**事前にこちらがシンボルの形をたとえとして伝えていますが（この場合は四角、三角、十字）、人はこちらが言った形に関して警戒し、勝手に答えから除外をするのです。**

そうなると、こちらが「簡単なシンボル」と念を押すことで、その選択はかなり狭くなり、とっさに浮かぶのはマルかハートしかないということです。
これはいわゆる言葉によるテクニックの一種で、選択を狭めながら、こちらが望んでいる答えに導くことができるというものです。

どちらにも解釈できる言葉のトリック

このようにメンタリストはいかようにも相手を誘導することができますが、もちろん完璧ではありません。そこで100%誘導をするために、トリックを使うことがあります。

今、目の前に10円と100円を置いてください。今からあなたがどちらを握るのかを見事に当てて見せたいと思います。よろしいでしょうか？
はい、では好きな方を選んで、どちらかをあなたの手の中で握ってください。

握りましたね？　もちろん今から変えても大丈夫です。もし問題なければ、次の文章を読んでみてください。

「今どちらか手の中で握りましたね！　まさか10円を握ってないですよね」

もしあなたが10円を握っていれば、この言葉に対して「えっ、はい、まさに10円を握っています」となるはずです。

そして逆に100円を握っているのであれば「はい、100円を握っているので、確かに10円は握っていないです」となります。

さて、この言葉のトリックの意味がわかりましたか？　そんなの通用すると疑っていますか？　そう思うならぜひ私のステージを一度ご覧ください。毎回このセリフで観客の皆様はかなり驚いてくれます。

ポイントは「断言力」、そして当然のような顔しての「言い切り」が必要となりますが、どこでも使える心理術ですので、重宝しているテクニックです。

Mentalism 9

随所で「暗示」をかけるのが本物のメンタリズム

できるメンタリストは意識的に暗示を使う

メンタリストとマジシャンの違いは、一言で言うと「暗示」を仕掛けているどうかだと私は思います。正確には「意識的に」暗示をかけているかどうかという言い方のほうが正しいのかもしれません。

以前、私はステージの中で、あるパフォーマンスを行ったことがあります。その演目は数十年前に日本でもスプーン曲げで非常に有名になったユリ・ゲラー氏がアメリカのテレビで演じたものですが、まさに暗示とは何かを知る素晴らしい現象です。

では、それはどんな現象なのでしょうか。

まず私はステージでこのような話を始めます。

「皆様、今からあることをしますが、皆様にとって、とても素晴らしい体験になることです。もちろんどんなことが起きるのかは先には言いませんが、本当に素晴らしい時間となるので、ぜひ楽しみにしていてください」

そして観客席に座っているお客様でタバコを吸っている人にタバコを持ってもらい、ステージ前まで来てもらいます。そしてステージに置いてある透明で大きなゴミ箱に向かって力いっぱい投げ入れてもらいます。もちろん握りつぶしてもらいながらです。

戸惑う人もいますが、私はかまわずに捨てるようにプッシュをします。

それから非常に真面目な顔で、真剣そのものの表情でこう断言します。

「はい、いまからあなたは一切タバコを吸わなくなります」

さて、タバコを捨てた観客はどうなったと思いますか？　もちろん全員ではありませんが、ステージでタバコを捨てた6人中の4人が、のちにタバコをやめたのです。それをわざわざメールで報告をしてくれたのです。もちろん感謝の言葉もそえて。

もしかすると、**あなたは「えっ、そんなことで暗示かかるの？」と感じたのかもしれませんが、実は暗示をかけるのはそんな難しいことではないのです。**

既成事実を超える、言葉による「思い込み」を利用する

といっても、きっと体験をしないと信じてもらえないと思いますので、あなた自身で暗示の実験を行ってみてください。ただし、人によっては本当に怪我をしてしまうことがありますので、十分注意してやってください。


まず、あなたは自動販売機でキンキンに冷えたコーヒー買ってきます。そして「おい、コーヒーを買ってきたぞ」と友だちに向かって急に放り投げます。

そのときコーヒーの缶を持つ手がまるで熱いコーヒー缶を触っているような演技をして、友だちがそのコーヒー缶を受け取る寸前に「かなり熱いから気をつけて」と言ってみてください。

キンキンに冷えたコーヒー缶なのに、急に受け取った友だちは間違いなく、「あっ

つ！」と叫んで手を離すはずです。なかには本当にやけどをしたと思い込む人もいるほどです。

この暗示の例は、その人の常識を困惑させるような（今の例なら冷たいはずなのに、熱いと感じること）ことを言うことによって、相手の判断力を低下させることができるのです。

アメリカの催眠術師のオーモンド・マッギルの法則というものが存在しますが、まさに暗示をかけるために必要なルールを教えてくれています。

まず大切なのは「確信を持つ」ことです。こちらが何の不安もなく、当然かのように「堂々と発言する」ことで、たとえどんなにおかしいことでも、疑いの余地がなくなれば、人は「そんなこともあるよね」と信じはじめます。

次に相手の「思い込み」を利用します。前述のように「熱い」という言葉を思い込ませることで、冷たいものでもやけどをしたと思ってしまうのです。**つまり人間は「既成事実」よりも先に「言葉」によって印象を変えられ誘導されるということの証明に他なりません。**

人の思い込みは思った以上に強い

ここで私のようなメンタリストが意外と社会の役に立っているという事例をお話ししたいと思います。メンタリストが精神疾患患者に対して助言をして、その人を改善に導いていることを聞いたことがあります。もちろんメンタリストは精神科医ではありませんので、医療行為はいっさいしません。しかし、例えば次のように言います。

「実はかなりアメリカでも有効な治療薬があって、100％精神疾患が改善するものですが、たまたま手に入れたので、ただで渡します。10日間飲んでみてください、素晴らしい効果が現れますよ」

その10日分の薬を飲んだその人はどうなると思いますか？

実は完治したそうです。精神科医でも治療ができなかったその人の症状が跡形もなく消え去るのです。

では、どんな薬をメンタリストが渡したと思いますか？

実はなんてことのない。ただの砂糖を透明のカプセルに入れて、それらしいラベルをボトルに貼りつけただけです。

こういうことをすると、インチキじゃないか？　と言われるかもしれませんが、メンタリストは医者が治せないものを、その人の思い込みを利用して改善させたのです。重要なのはその方が改善できたかどうかです。誰になおしてもらうかを論じるのは全く関係のない話です。もちろん医療行為をできる人とできない人のことについて知っておいてふるまうことは最低限の常識です。

Mentalism 10

相手に「暗示」をかけるためのタイミング

相手を誘導するための最適な「間」とは

シーンとした家に戻り、照明を点ける。すると不穏な音楽が鳴りはじめ、劇中の主人公は気がついていないのですが、背後に何かが通り過ぎていく。観客だけがそのことに気がついていて、心の中で「おいおい、早くそこから逃げろ」と主人公に伝えたいけれど、伝えられないというフラストレーションが募ってくる。

主人公が何も知らずに冷蔵庫を開ける。「冷蔵庫を閉めた瞬間にそこに変なものが現れるのでは」と観客は緊張しながらその動向を見守るが、冷蔵庫は普通に閉められる。安心して胸をなでおろすが、振り返った瞬間に、大きな音とともに化けもののようなものがすぐそこに立っていた……。観客が飛び跳ねるくらい驚く瞬間です。

あなたも一度ぐらいはこのようなホラー映画をご覧になったことがあるのではないでしょうか。この種の映画は、人を効果的に驚かせるために、かなり「間」を研究しています。

この「間」というものは、タイミングを外してしまうと、その効果が薄れてしまい、まったく面白くないものになってしまいます。

間は驚かせるときのみならず、感動をさせたいとき、泣かせたいときにも、とても大事になってきます。

そして実は、**人の心を誘導したい、行動を誘導したいときに、この「間」を大事にしながら、タイミングよく「暗示」を入れていくと、相手はその通りに動いてくれる可能性が非常に高くなるのです。**

選ばせたくないものを事前に伝える「逆暗示」

メンタリズムでよく使うテクニックをここで一つご紹介します。

有名な、

「赤いボールだけはイメージしないでください」

というものです。

この言葉を言われた瞬間、頭の中には赤いボールしか映像が残らないと思います。そして数分後に、色つきのカードを選んでもらいますが、８割以上の人は「赤」を避けるように他の色を選びます。つまり**選ばせたくないものを、事前にイメージとして植えつける**のです。

観客の心の中では、

「さっき赤色のイメージを植えつけるように仕向けられたから、絶対にそのイメージだけは選ばないぞ」

と考えはじめます。

しかし、そこがメンタリストの狙いであることに、多くの人は気がつきません。これは**いわゆる「逆暗示」というもので、メンタリズムのステージなどの特別な状況で使用される、人の「疑心」を利用する心理術なのです。**

暗示を入れるタイミングを「催眠」から学ぶ

人を自在に操り、簡単で誰でも実践しやすく、その方法が確立している**「催眠」は、まさに相手に「暗示」をかけるテクニックそのものであり、心を操るための「間」を最も大切にしている技法です。**

催眠は、すべて自由自在に相手を操ることが可能であるとよく勘違いされますが、当人が催眠にかかりたくない場合は、催眠状態に入ることは非常にまれです。

それは「催眠」に入ることを前提に働きかけられている場合だからです。しかし相手が「意識していない」間に暗示を入れることで、知らない間に催眠状態に入れることは不可能ではありません。ただし、どちらにしても、本人の許可が必要になります。

この本人に許可をもらうことは至難の業ですが、実は本人の気がつかない状態で許可をもらうことができることがあります。

きっと催眠と言うと、「まぶたが重たくなる」や「両腕が徐々に下がってきます」などのフレーズで、相手を催眠誘導していくイメージだと思いますが、近代催眠の父と呼ばれたミルトン・H・エリクソン博士は一般的な会話の中で、暗示をかけていると思わせない、「間接暗示」を提唱しました。

前述の催眠誘導のような言葉ではなく、催眠をかけられている、暗示をかけられていることがわからないように誘導していくのです。例えば次のような アプローチをご覧ください。

「催眠術を見たことはありますか？」
「いいえ」
「では、催眠にかかるとあなたはどうなるのかご存知ですか？」
「いいえ」

このようにエリクソン博士に対する**回答をすべて「いいえ」と言わせることで、心に「いいえ」に対する条件反射が完成します。**

そして最後の質問に入ります。

「そうですか、では催眠はあなた自身で行う必要がありますが……」
「いいえ」

このように「いいえ」が自然に導き出されるようになると、本人は無意識に他人が催眠を行うことに関する許可を与えたことになり、無意識のレベルで暗示を受け入れる状態に入ることになるのです。

潜在意識が暗示に入る許可を出すとは

ここではわかりやすいように「催眠」という言葉を使いましたが、これを全く別の言い方にしても大丈夫です。ここの場合では相手から「いいえ」を引っ張り出すことができればいいのです。

もちろん状況によっては「はい」を引き出す必要もありますので、そこは臨機応変に対応してください。

例えば、

「あの映画って素晴らしかったよね」
「はい」
「あのシーン感動した？」

「はい」

「あんなこと言われたら、何も反抗せずに聞いてしまうよね？」

「はい」


これで暗示に入る許可をもらったことになります。表層意識の許可ではなく、潜在意識が出している許可です。この状態になれば、後は暗示のタイミングのみとなります。

暗示をかけるならこのタイミングを狙え

暗示が染み込み、催眠状態に入りやすい瞬間とはどんなときでしょうか？

実は**私たちが「必ず」催眠状態になる瞬間が一日に2度訪れます。それは「眠りに入るとき」と「朝起きるとき」です。このとき、私たちはリラックスしていると同時に無意識が集中している状態となります。**

リラックスしていて集中している状態とはどんなものでしょうか？　あなたもきっと何かに夢中になっているとき、周りで名前を呼ばれても気がつかないときがあると思います。まさにそのような状態が、リラックスをしていて無意識が集中している状態なのです。

つまり**あなたが誰かに暗示をかけたい場合、相手が「何かをしているとき」に、かつ「あなたの話に集中していないとき」こそが、ベストタイミングなのです。**

「聞いているようで聞いていない」。まさにそんな状態になると、一番暗示をかけやすくなります。

本当にそんなことが可能なのか？　と疑問に思うかもしれませんが、もし、あなたが街中でいきなり鼻歌を歌いだしていたのなら、それはどこかのお店の前を通ったとき、あなたが〝無意識〟のうちに聞いていた歌である可能性が非常に高いのです。

もちろんあなたは、どこでその歌を聞いたのかさえも思い出すことはできません。このように、**本人の状況さえ整えれば、簡単に人は暗示にかかります。そのタイミングをいかに見つけ、またはつくりだせるかが重要ということです。**

ただし、このような「間接暗示」などは、日常レベルの暗示に効果的であり、例えば椅子から立てなくなったり、自分が何者であるかを忘れてしまう、というような深い催眠状態にはなりません。

Mentalism 11

街の至るところであなたは「感覚誘導」をされている

暗示は心理誘導ではなく感覚誘導

暗示という言葉を聞くと、多くの人は「心理誘導」をされていると感じます。それは正解のようで間違いでもあります。暗示は心理誘導ではなく、「感覚誘導」です。感覚というだけに、例えば人間の五感を完全にシャットダウンすると、暗示にはかかりません。

これでおわかりのように、**暗示は相手の感覚を大いに頼りにし、利用をするというものです。一般的な説明でも暗示は、言葉や合図などによって、相手の思考、感覚、行動を誘導をする心理作用のことを言います。**

暗示にかけられた人は自然にそうなったと感じ、それが他者による誘導によるものであることに気がつきません。つまり「言葉」と「合図」を送られることで、感覚が刺激され、誘導されるのです。

ここで実際に試していただきたいと思います。多くのメンタリストがステージの前ふりで行うので有名なため、知っているかもしれませんが、ぜひ数式を見ながら答えてください。

2＋2＝
4＋4＝
8＋8＝
12＋12＝
16＋16＝

それでは、12と5の間で思いつく数字は？

あなたの思い浮かべた数字はきっと、「7」ではないでしょうか。
最初の3問は、1桁の簡単な問題で、次の2問は、2桁の少しだけ考える問題です。ここまで問題を答えた人は、「足す」という概念ができあがります。それまでにいくつも計算をしてきたため、無意識の内に12と5を「計算」してしまいます。

12＋5＝17
12－5＝7

数式の答えはどちらも「7」が出てくるため、12と5の間で、という問題に「7」と答えてしまうのです。

もちろん100％全員とはいきませんが、私の経験上では約76％の人は7という数字を選びます。

これがいわゆる「感覚誘導」というものです。相手の中にある足し算（あるいは引き算）の概念を利用し、無意識のうちに感覚的に「7」という数字をイメージさせるのです。いわゆる数字トリックとは違い、相手の感覚を利用することから、よく心理トリックとして使われるものでもあります。

無意識に働きかける暗示は至るところに存在する

先ほども少し触れましたが、あなたが街を歩いていると、いつのまにか歌を口ずさんでいたりすることがありますよね。その歌は懐メロや流行りの新曲などでしょう。

なぜそう断言して言えるのかというと、その曲はあなたが街を歩いているときに、どこかのショップ、または通りすぎていく車から流れているものだからです。

あなたはその曲を無意識に聞いていて、無意識に口ずさんでしまっているのです。

このように、私たちは必ず無意識に影響を受け、暗示を受けます。街中にいるだけでもこのように暗示がかかるのですから、もしプロの手にかかれば、あなたが暗示にかからない可能性は限りなく少ないと言えるでしょう。

街中にある色彩を利用した暗示

街の至るところに実に多くの暗示が用意されています。

もちろん偶然にそうなったという部分もありますが、明らかにプロの手による、意図的な暗示手法も見かけます。

例えばわかりやすいところではマクドナルドやデニーズ、またはガストなど、赤や黄色の看板が多いと思いませんか？

まず赤や黄色などの暖色系は食べ物が美味しく見える効果があります。次に赤は　安いと思わせる効果もあります。スーパーなどのお店でセールやバーゲンのとき、文字に赤色を使うのはそのためです。赤や暖色には時間経過を早く感じさせる効果もあるので、ファーストフード店がこの色を使うのは非常に理に適っているわけです。

これは「色彩心理」と言われる手法ですが、これも人間の色彩感覚を利用した心理術であることはご理解いただけたのではないでしょうか。

人を行動に駆り立てる効果的な暗示とは

暗示は無意識に入り込んだときに最も効果的だということは解説した通りですが、では、人間を最も行動に駆りたてる暗示は何でしょうか？

その暗示にかかると、人は行動をしたり、ものを買うなど、それに対して興味を持つようになります。ちなみのこの暗示手法はアメリカのお酒の宣伝をはじめ、数々の会社のコマーシャルでも利用されたりします。それは「性的、セクシャリティー」のメッセージです。

例えばアメリカのビール会社の宣伝ポスターなど、もちろん普通に見てもそう思わないのですが、ビール瓶を別の角度で見ると、男性器にたとえる表現をしたりしています。なかには氷の中に、よく観察しないとわからないように男女の営む姿が描かれていたり、実際の宣伝ポスターなどを見ると「本当にこれ大丈夫なのかな？」と感じてしまうほどの卑猥なイメージもあります。

しかし、**それのどれもが見る人の意識レベルではとらえることはできません。言われてみて初めて気がつくものがほとんどです。**

無意識に暗示をかける「サブリミナル効果」

これらは無意識に暗示をかけていると言えます。無意識、つまり相手が意識できていない部分にフォーカスし、メッセージを植えつけます。これを「**サブリミナル効果**」とも呼び、使いこなすことで、望む結果を手に入れられます。

なかにはサブリミナルには効果はないという人もいますが、そういうとき、その人は本当に無知か、または知っていて、他の人にサブリミナル効果を使ってほしくない人物である可能性が高いです。

なぜなら、効果があることをわかっているので、その効果が生みだす利益を独占したいからです。

この項の最初にもお話した通り、メンタリストがステージで数字の感覚誘導をする部分があったと思いますが、実は感覚だけではなく、サブリミナル効果を狙うメンタリストもいるのです。

彼らは言葉だけではなく、手を使って観客にサブリミナルを植えつけます。

例えば「5から12までの間で好きな数字を1つ選んでください」と言いながら、最初に右手の5本指を開きながら「5から」と言い、次に左手で2本指をつくって「12までの」と言います。

実際にはメンタリストは指で7という数字を観客に見せているのですが、そんなことに気がついている観客はいません。こうしたサブリミナル効果をパフォーマンスに活かすことで、さらに不思議さが演出されるのです。

Mentalism 12

メンタリズムには「現実を超越する力」がある

独自の発展を遂げてきたメンタリズムの歴史

ここまでメンタリスト、そしてメンタリズムの本当の意味、そしてその姿を説明しましたが、いかがだったでしょうか？　きっと今まであなたが感じていたメンタリスト像というものとは少しかけ離れていたと思います。

きっとなかには「なんだ、ただのマジックかよ」と考える方もいれば、「そうか、**マジックというトリックがあって、さらに心理術があるということなのか**」と正しい認識を持ってもらえた人もいるかもしれません。

そこでメンタリズムの歴史の歩みを振り返り、メンタリズムについて改めて定義づけをしたく思います。

1 紀元前3000年頃、メンタリズムはエジプトの司祭から始まり、偽霊能力者や偽超能力者が使っていたテクニックである。

2 セオドール・アンネマンという人物が約100年前、これらのテクニックをショーアップし、人をだますことに使うのではなく、人を驚かすようなエンターテイメントに姿を変えた。

3 1942年、メンタリズムがマジックの一つとしてエンターテイメント化された。

4 エンターテイメントを追求していく中で、本当に心を操ることができないかと考えるメンタリストが現れた。

5 のちに心理学の知識とメンタリズムのトリックを合わせることで、より不思議な現象としてメンタリズムが昇華していった。

6 現在、数多くのメンタリストが世界中に存在していて、その多くは本物の心理術（今まで解説してきた心理術、コールドリーディング、暗示など）を身につけており、よりすばらしいパフォーマンスをするようになった。

よろしいでしょうか？　今説明したことをしっかりと理解しているのであれば、メンタリズムはマジックではないという考えもあながち間違いではないかもしれません。

なぜなら、**入口は確かにトリックから始まっていますが、のちに多くのメンタリストが、本物の心理術を身につけるために努力を重ねて、マジックの中でもきわめて稀有な発展を遂げてきたからです。**

メンタリストは何よりも人格者たれ

もしメンタリストがただのマジシャンなら、なぜここまで人を魅了できるのでしょうか？

私はそう思うのです。

長年この業界にいるので、メンタリストを目指した人が選ぶ2つの道を見てきました。

一つは今回私があなたにお伝えしたような、正しいメンタリストとしての姿、パフォーマンスをして、心理術を伝える人になる人。

そしてもう一つが、メンタリストの技術を利用し、人をだます人です。

本当に人の心を読めると話す偽霊能力者、未来から過去まで言い当てることができる偽占い師、気功の力でスプーンを曲げることができると吹聴する偽超能力者など、なかには残念ながら催眠術を使って暴行を働く者もいます。

このようにメンタリストを目指す人は二分されます。まるで映画『スターウォーズ』の正義と悪そのものではないでしょうか？

一つ確信していることは、**メンタリストは人格者でいなければならない**ということ。

なぜならトリックという部分を越えて、メンタリストは人の心に触れることが可能となる職業だからです。普通の心理学者やカウンセラー、またはセラピストとはまた違う次元で、**相手の心に触れることができる仕事なのですから、使いこなす人は十分に配慮しなければならないのです。**

大きな力を手に入れた者には大きな責任が伴う

どんな心理に関係する仕事についている人でも、相手に「凄い！」「なぜ私の心の中がわかるの？」「心をこれ以上読まないで、本当に怖い」と言われることは少ないでしょう。

メンタリストは間違いなくこの言葉を言われます。そしてこの言葉を発した人の心理はどのようになるのかご存知でしょうか？　そう、メンタリストのことを「無条件」で信じるようになります。

この無条件の信頼状態になると、どんな心理術を使っても、言葉は悪いですがメンタリストの望む展開になります。**メンタリストがトリックを使うのはなぜかと言うと、この展開に早く持ち込みたいからなのです。**人は一度信じれば、心をオープンにしてくれるので、後は様々な心理術によって自分の世界に引き込めばいいのです。

だからこそメンタリストは人格者でなければなりません。

相手の心を簡単に誘導できる力があると、その分誘惑も多いのです。考えてみてください。もしあなたが男性だとして、初めて自分のタイプに合った女性がいたとします。その人を簡単に誘動できる力があるとすれば、その力を使ってしまわないでしょうか？

映画の『スパイダーマン』で有名なセリフがあります。スパイダーマンの主人公が自分の力におごりを持ってしまったとき、自分のせいで殺されてしまったおじさんがそんな彼を諭すように言った言葉です。

「大きな力を手に入れた者には大きな責任が伴う」

メンタリストにも、同じことが当てはまると、私は思います。

第2講以降ではトリックではない心理学の知識を解説します。「実践できる心理術」として身につけていただければと思います。

心理術を説明するにあたって、**どういう実験に基づいているかというエビデンスも可能な限り紹介しながら解説したいと思います。**

これらの心理術にトリックが加わったとき、いわゆる真のメンタリズムが完成するのです。

ただ、心理術の知識だけでも効果は絶大です。ぜひ本書で紹介する心理学に基づくテクニック（心理術）を会得してください。

Lecture 2

相手を見極める！
人の心を判断する最強の心理術

Mentalism 1

相手の好きな色で性格を見抜く「色彩心理」

色で重さに対する感じ方は変わる

メンタリズムでは、色彩心理を使うことがよくあります。特にプロでパフォーマンスをしているメンタリストであれば、人間の色彩に対する心理効果を見逃しません。


この項目を読み進める前に、いきなりですが、ちょっと実験をしてみましょう。

もしあなたがスポーツジムに通っているならいいのですが、通っていなくても少し大きなスポーツ用品店に行ってみてください。そしてトレーニングに使うダンベルで、同じ重さで違う色のものを見つけて、その両方を持ってみてください。

さて、いかがだったでしょうか？

ダンベルの色は限られているので、シルバーか黒の2種類の色が多いと思いますが、持ってみて、黒のほうが重たく感じたのではないでしょうか？　もし、ダンベルの色がすべて同じ色だったとしても、最初は明るい色を選んで持ってみて、次に濃い色を持ってみたら同じように濃い色のほうが重たく感じるはずです。

メンタリズムのステージなどでも同じような演出があります。

ステージではさらにもう一つ、世界一黒い色と言われる「漆黒」という色のダンベルも持ってもらいます。すると、今度は全く持ち上げることができません。ここはあるトリックを使用しているのですが、次に私が、

「漆黒のダンベルに挑戦した人は、今度はシルバーでも黒でも、先ほどより非常に軽く感じながら持ち上げることができますよ」

と言います。

そうすると実際にその通り、観客が自分でもびっくりするほど、黒とシルバーのダン

ベルを軽く感じるのです。

色彩が与える影響は大きい

なぜこのようなことが起きるのでしょうか？　同じ重さのはずなのに、色が違うだけで、重さが変化するということがあるのでしょうか？

色彩によって人間が重みの変化を感じるという発表があることをご存知の人も多いでしょう。例えば山口大学の理工学研究科工学部の論文が学会で発表されています。それは人間が色に対して、なぜその重みに変化を感じるのかが明示されているものです。

論文なので難解な言葉がありますが、簡単に言うと、**「見かけで重い印象を与える色は、持ち上げたときの体感重量もより重く感じられる」**ということです。

先ほど私のステージで行ったケースは、一度「持ち上げることができない」という概念を脳に定着させることで、その後に持ち上げるダンベルが「軽く感じられる」という暗示も使っていますが、実際に明るい色になると軽く感じられるという効果も合わせて使っているのです。

このように色彩というものは、人間に対して常に影響を与えるということが多くの研究でわかってきています。その使い方も特に難しいものではないので、プライベートや仕事に活かすべき心理術と言えます。

色彩が与える影響の研究は日々進化している

実は色彩心理についての歴史は今に始まったことではなく、古代エジプトや古代ギリシャ、古代の中国でも医療に用いられてきた歴史があります。

現在有名なのは科学者のハリー・ライリ氏で、色彩に関する実験を数多く行い、被験者に当てられる色の光で、どのような心理的作用があるのかを研究しています。そのハリー氏の研究結果によると、**外部の色から、実にある種の体内ホルモンまでつくりだされることがわかってきているのです。**

驚くべきことに、アメリカのアルバータ大学の研究によると、視覚に障害があり色の認識ができない人の場合でも、色による影響が現れることが研究で判明しています。

色は目から脳へと通じて心身に影響を及ぼすだけでなく、私たちの皮膚も色を認識し、色の影響を身体に伝えているのです。

この項目では、このような色彩を無意識に選ぶ人間心理について解説していきたいと思います。なぜなら、**どのような色を選ぶかで、その人の心理状況が面白いようにわかるからです。**

色は人の心に影響を与える

人間は無意識に好きな色を選びます。それはあなたご自身に当てはめてみてもわかると思います。きっとあなたにも好きな色があるはずです。

「この色は私に似合っている」。多くの人はそう考え、自分の持つカラーを選びます。

あなたの服装はどんな色が多いでしょうか？　暖色系？　それとも寒色系でしょうか？

そう、**あなたも必ず無意識のうちに自分の色彩を選んでおり、その色彩はあなたの心理状態を表しているのです。**

例えば国レベルで比較しても面白いですが、日本の街中における服装などはシックな白黒系が多いのに対し、アメリカなどはカラフルな色彩の服が多いです。ここでも服装から見て、集団主義なのか、個人主義なのかがわかるわけです。

レストランなどを見ると、ほとんどの外食産業のテーマカラーが赤や黄色です。これらの色は食欲を増やしてくれる色として知られ、この2色を使った有名な外食産業の看板を思い出せば、納得をしていただけるかと思います。

色は必ず人の心に影響を与え、そしてその人が好む色は、その人の心理を解き明かしてくれるのです。

色別でわかる、その色を好む人の性格

では、代表的な色について、それを好む人の心理を分析していきたいと思います。

まずは「**赤色**」を身につけることが多い人の心理について解説します。

赤色は活力や情熱、興奮といった強いエネルギーをイメージする色で、積極的なリーダータイプの人に好まれる色です。アメリカ大統領や他の政治家を見ていただければ、演説時にはほとんどが赤のネクタイをしていることに気がつくはずです。

一方で、赤には「怒り・攻撃的」といったネガティブなイメージもあります。自己主張の

激しい人が身につけることも多いので、注意が必要です。

もし相手が「赤」を身につけていることが多いのであれば、決して上から目線で話さないことです。相手は常に優位に立ちたいと思うタイプであり、こちらがリーダシップをとることを好みません。

赤色とは真反対に位置するのが「**青色**」です。

青は心身の興奮を鎮め、感情を抑える色です。青を身につける人は、基本的に心身が落ち着いていて、感情的になることはなく、冷静に物事を判断できるタイプです。青は副交感神経に直接働きかけるので、とても落ちついた人物に感じるはずです。

特にターコイズなどの色に近いものを身につけている人は、非常に精神性やスピリチュアリティーのある人が多く、精神世界の話に抵抗がない人がほとんどです。

この赤と青を混ぜたような色、つまり「**紫色**」を多く身につけている人は、相反する2つの特性を持ち合わせていて、実は意外と精神的または肉体的に疲れている人が多いです。

よく占い師やヒーラーなどがこの色を好みます。その場合は精神性と肉体性とのバランスをとる意味で好まれることが多いようですが、一般的な人であれば、「何か手伝うことはないですか」と声をかけてあげるだけで、相手が自己開示をしてくれるようになります。

次は「**オレンジ色**」を見てみましょう。オレンジは赤と黄色が混ざった色で、太陽のような陽気であたたかい高揚感を表す色です。

オレンジが好きな人は、陽気で人付き合いがよく、社交的なタイプが多いです。さびしがり屋やお人好しが多いのも特徴で、南米やスペイン、イタリアなどの国旗はオレンジがベースになっており、国民性からして陽気だということが一目でわかると思います。

では「**黄色**」はどんな感じでしょうか？

心理学的には、強い希望を抱いているときに鮮やかな黄色が気になる傾向があります。例えば新しい財布を買うのに、「お金がたくさん入ってきますように」と願いを込めて黄色の財布を買う人が一定数いますよね。

また希望を叶えるために乗り越えなければならない障害があるとき、黄色＋青や黒という高コントラストな配色を好む傾向があります。そのような色を身につけている人物を見つけたら、ぜひいつでもヘルプしますよ、というサインを送ってあげましょう。そうすると、その後の人間関係がよくなります。

ただ、黄色を身につける人は、かなりの割合で依存癖があり、甘えてくることがあるので、その線引きをしっかりしてお付き合いするのがベストです。

最後は「**緑色**」をご紹介しましょう。

緑を身につけること好む人は、いわゆるマイペース型で、保守的で受動的です。自分から何かを仕掛けることもなければ、わざわざこちらと人間関係をつくる努力もしません。ですので、相手の身につけているものに緑が多いかなと思ったら、こちらからマイペースに関係づくりをすることをオススメします。

色彩効果は自分自身にも使える

以上が代表的な色彩心理となりますが、**相手が好む色彩を分析して、ぜひ相手の考えていること、思っていることを見抜き、一歩先をゆくプロセスを歩んでください。**

色はもちろん自分自身にも影響を与えます。もし、あなた自身が疲れていて、元気を取り戻したいのであれば、赤を身につけるようにすれば元気を取り戻すことができます。逆に興奮が収まらないときは、青を身につけるようにすればいいのです。

色彩心理は簡単で効果的ですので、ぜひ試してみてください。

ちなみにメンタリズムのステージでは、観客をステージに呼んだときにこの心理術を使います。

観客がステージに立つと、お決まりのコールドリーディングを仕掛けて、相手の性格を見抜くようなパフォーマンスをしますが、実は観客の上半身の服の色を色彩心理に当てはめてリーディングを行っているのです。わかりにくい場合は全身の中で一番使われている色から判断します。

ほとんどの観客が私の経験上、コールドリーディングなどを用いて性格を読まれたと感じるのです。

Mentalism 2

なぜあの人は理屈っぽいのか
「防衛機能の知性化」

■理屈っぽい人にとって「難しい言葉」は精神的な盾

メンタリストには「場の支配力」が必要だとすでに説明をしましたが、実は相手がこちらに反論ができないようにするために、あるズルイ方法を使います。

例えば、メンタリズムのステージにおいて、メンタリストに疑いの目を持つ人は必ず一定数存在します。「俺はだまされないぞ」「全部トリックを見抜いてやる」などと身構える人たちです。そういう人はおおよそ椅子に深く座り、少し沈みがちな姿勢になるので、ステージから見るとよくわかります。

私はそんな人をわざと指名して、ステージに上げます。どんな疑いの目を持っていても、やはり突然ステージに上げられたら観客は緊張するものです。

そこで、これから起こるパフォーマンスについて説明をする際、ありったけの心理専門用語を多用します。しかも「もちろんご存知のように……」という言葉を加えて。

すると、**相手は恥をかきたくないという心理が働き、素直に説明についてうなずくようになり、徐々にこちらのペースに持っていくことができます。**

メンタリストならこういうタイプをコントロールする術は知っているので、特に問題はないのですが、「一」をいえば「十」くらいにして言い返し、理論であなたを完膚なきまでに論破しようとする人があなたの周りに1人や2人はいるはずです。

このような人種にはかなりの共通する点があり、そのうちの一つに「専門用語」や「難しい言い方」をすることが挙げられます。相手が会話についてこられないように、こうした言葉を多用するのです。

とにかく相手がこのまま会話に参加できなくさせること、これがこの種の人間にとって重要なのです。そしてメンタリストは、このようなタイプの人に対して、前述したように先に仕掛けていくのです。

▼理屈っぽい人は一見自信がありそうだが…

なぜ彼らはこのようなことをするのか？

一見こうした人は自信がありそうですが、実はまったくその逆。彼らは「自信がない」のです。理屈や理論を詰めることで自分の精神的な盾をつくっているのが真実です。

テレビなどメディアで持論を掲げて、相手をバカ呼ばわりする人が存在しますが、強気そうで一見自信の塊のように見えても、実は心の底では自信がありません。

「いや、そんなことないでしょう」とあなたは思うかもしれませんが、本当に自信のある人は、持論はおろか、他人の意見に対して反対意見をぶつけることはないのです。

持論を他人にぶつけることや、持論が正しいと認めさせたいという行動自体が、心理的な弱さの証拠であり、いわゆる理論武装をして自身を守っているのです。

もうひとつは「コンプレックス」を隠したいという心理です。

特に学歴の高い人に多いのですが、知性や頭脳に関するコンプレックスが強いと、こちらが求めてもいないのに、自分を賢く見せようとする傾向が非常に高いです。

意識高い系の学生が、本当はよく理解していないのに、専門用語や横文字を使った会話をして、あたかも自分が賢くなったかのように錯覚しているのもこれと同じです。

どちらにしても、**「理屈をこねる」ということは、本心では自分のことを信じていない、つまり自信がないと判断するべきでしょう。**

理屈っぽくなると、一番損をするのは当の本人です。まず一番に挙げられるのはコミュニケーションができなくなるという弊害です。あなたも経験があるかもしれないので、すぐにおわかりになると思いますが、理屈っぽいと他人は離れていきます。

「この人は何を考えているのかわからない」「この人は自分のことばかりで、こちらのことには関心がない」と思われてしまうのです。

誰にでもある、知性の世界に逃げ込む「防衛機能の知性化」

また理屈をこねる人は自信がないにもかかわらず、プライドだけが高いので、よく上から目線で相手と対話します。

バカにされたくない、賢く見られたいという思いがあるので、専門用語を多用し、持論が正論とばかりに話し、さらに相手との距離をあけてしまうという結果になるのです。

こうした**自分の精神を守るための防衛機能は誰にも存在し、自分の感情や本能、欲求に直面することを避けて「知性」の世界に逃げ込む行動のことを、「防衛機能の知性化」と言います。**

知性化には、自分の本能や感情という「理論に基づかない感情」に理屈をつけて説明することで、自身が受け入れがたい状況を、なるべく自分にとって受け入れやすいものへと変えていく効果があります。また、知性や学問などの権威のある世界の言葉を借りることで、自分の気持ちをさらさずに感情をコントロールしようとする目的もあります。

このように理屈というのは、自分にとっては一時の逃げ口上となり、他人にとっては百害あって一利なしといっても過言ではありません。

自分の理屈っぽさもチェックしてみよう

もしあなたがこのような理屈屋であれば、悪いことは言いません、即刻やめるべきです。なぜなら、これらの行動は習慣化してしまう傾向が高く、いつの間にか理屈屋から脱却できないという状況になってしまいます。

理屈っぽさのクセが習慣化すると、間違いなく人間関係が悪い方に傾きますので、あなた自身が理屈屋であるかどうかもチェックしてみましょう。

次の項目1個以上でも思い当たる項目があれば、あなたは理屈っぽい人になりやすいと考えて間違いないでしょう。すでに3項目以上思い当たるふしがあれば、すでに理屈屋と断定しても構いません。

- 自分はいつも冷静沈着だと思う
- 博識であり、知識の幅が広い
- 完全主義で几帳面
- 短気である
- 自分のペースが最優先
- こだわりを持つ
- すべてを論理で片づけようとする
- 会話するときに、内容を多く詰め込みすぎる
- 言い負かされることを極度に嫌う

いかがでしょうか？　もし3項目以上当てはまるようであれば、自身の人間関係を見直したほうがいいと思います。周りから距離を置かれてはいないか、よく意識して気づくべきです。

防衛機能の知性化を止める極端な方法とは

ただ、こういった本能に近い習慣はなかなか治せないものです。意識こそはするものの、しばらく経つとまた元通りに戻るのが常です。**人には「サーモスタット機能」があり、変化を嫌う傾向があります。**

そこでこういった習慣を変える最新の方法論をご紹介しますので、ぜひ活用してみてください。これはウェブ音楽販売大手「CD Baby」の創設者でライターでもあるドレック・シバース氏が提唱する納得の方法です。

私たちが変化できないのは、そのやり方が間違っているからです。いや、間違っているのではなく、やり方が「甘い」のです。

シバース氏はシーソーの比喩を用いて説明をしています。

私たちが何かを変えたいとき、その状況はシーソーの片方にレンガがたくさん積まれている状況ですが、そのレンガを1つずつ反対側に移動したとしても、バランスが変わることはないわけです。そんな悠長なことをしていると、一生かけても変わらないのです。

1つずつではなく、「一気」に動かす。**根本的に改善したいなら、極端にならなければならないというわけです。つまり、防衛機能の知性化を止めたい場合、全くその反対の人間になればいいのです。**

理屈っぽさをなくすには一気に変える

先ほど理屈っぽさの度合いを測るために使用したリストがありましたが、そのリストの反対の人間になるようにするわけです。ここで変更するポイントは1つではなく、9つあるのがミソです。

人間は1つのことを変更するのは、実は簡単そうで難しい。しかし、ここでは9つも項目があるので、すべての項目をこなすためには、力の分散が必要になってきます。**実はこの力の分散がうまく働き、すべての項目の変更を成し遂げられなくても、結果的にこのうちの**

2、3項目を変えることになり、理屈っぽさが消えていくのです。

ちなみに変更するポイントは次のような9つになります。

- 感情的になってもいい
- 知識を披露しない
- ほどほどに
- のんびり
- 周りのペースに任せる
- こだわりを持たない
- 度を過ぎた論理的な物言いは相手に嫌われると考える
- ポイントのみ伝える
- そもそも会話で競争しない、勝ち負けの考えをしない

いかがでしょうか？　理屈っぽさが消えれば、人に嫌われはしないし、毛嫌いされることもないのです。何よりもストレスを抱えなくてすむのです。

この心理術は、実はメンタリストがステージで常に意識しなければいけないことなのです。長年やっていると、実に多くのメンタリストが勘違いを起こします。そうなると相手の心を読んだり、誘導したりするにあたって「どうだ！　すごいだろう」という印象を観客に与えてしまうのです。

私は弟子によく口酸っぱく言っているのですが、観客は「楽しさ」や「不思議さ」、心の中で考えていたことを言い当てられたことへの「感動」と「驚き」を味わいたいのであって、決してメンタリストの「ドヤ顔」を見たいわけではないのです。

こうした姿勢を観客はすぐに見抜きます。そのときは「凄いね」と言ってくれるかもしれませんが、二度とそのメンタリストのパフォーマンスを見たいと思わないでしょう。本物のメンタリストほど、この部分に十分に注意をしているものです。

Mentalism 3

褒めても反応がない人の心の中

「認知的斉合性理論」

人は理解されたいと思っている

メンタリズムのパフォーマンスを行う際、私は観客によくこのような言葉を投げかけます。

「素晴らしいデザインの服を着てらっしゃいますね、こういった服装を着ている方、私は大好きです。本当に素晴らしいと思います」

このような言葉を投げられた観客はどのような気分になると思いますか？　そう、このメンタリストは私のことを「理解」しているのだと感じるようになります。

メンタリストがパフォーマンスをよりよく成立するためには、やはり観客からの協力も必要となります。それゆえに、こうした**言葉を投げかけることで、相手の「認めてほしい部分」を刺激します。**

どんなに長年連れ添った夫婦でも、やはり夫からいつまでも「綺麗だね」と言われるほうが妻の美しさが維持できるのと同じ原理です。**理解をすることで相手の認知内容を刺激し、その刺激をさらに求めるために、相手は自ら変化をするようになるのです。**

「認知内容」につじつまを合わせようとする斉合性理論

自分が感じていること、やっていること、欲していることなどを「**認知内容**」と言います。自らが認識している事柄ということです。

この認知内容と無関係、または関係があると思えるような現象のどちらに出合っても、**人はつじつまがうまく合うようにする傾向があります。その傾向に基づいて人々の社会的行動を説明しようとする理論を「認知的斉合性理論」と呼びます。**

認知的斉合性理論について『公認心理師必携テキスト』では次のように解説されています。

「態度変容については、認知的一貫性（斉合性）理論（congnitive consistency theory）の『人はいつも同じでありたいという認知の一貫性を保ちたい』という前提のもと、認知的均衡理論（バランス理論）と認知的不協和理論によって説明されている」

例えば、ある男性が動物を好きだとします。そして気になった女性が動物好きだと知ったとします。そもそもこの男女それぞれが動物が好きなのは偶然なのですが、お互いが動物好きということで、男性は自分の中で「きっと気が合う」とつじつまを合わせようとするわけです。さらに「動物好きだからきっと素敵な女性だ」と考えるようになります。

反対に、もし女性が動物嫌いだった場合、男性はその女性に対し好きな感情があるので「確かに動物は臭いし、女性はあまり好きにはなれないよね」と相手に理解を示すような考えに変化をします。

ここで考えていただきたいのは、女性が動物を好きか嫌いかということと、この男女との間には、何の関係もないということです。

こうした行動は言わばつじつま合わせと言われるものです。**認知内容にうまくつじつまの**

合わないものがあると、認知内容のいずれかの部分を「変化させたり」「新しい認知をつけ加えたり」して、斉合性を確保したり回復したりしようとする傾向があるということです。

簡単に言えば、私たちは常に自分の考えを相手の考えにある程度合わせようとし、バランスをとるということです。

反応が薄い人は本当は「反応」しているのかもしれない

さて、認知的斉合性理論を理解していただいた上で、褒めても反応がない、または反応が薄い人の対処法をお伝えしたいと思います。

世の中には褒めても非常に反応が薄い人間がいます。褒めている側からすると、せっかく喜んでほしいと思っていたのに、と釈然としないことも多いでしょう。

しかし、反応がない、もしくは反応が薄い人が喜んでいないのかと言えば、実はそうではないのです。人はどうしても相手の反応を見て判断してしまいますが、反応が薄い人たちは、**本当はしっかり喜んでいたり、褒めてくれたあなたに対する好感度も上がっていたりするのです。**

▼なぜ反応が薄いのか？　その原因とは

それでは、反応の薄い人の心理状態を見てみましょう。**考えられる原因として、「褒め慣れていない」ということがあります。つまり肯定されるのに慣れていないということです。男性の場合は特にその傾向が強くなります。**

女性は昔から友だち同士で「えぇ～それ可愛い」とか「なんか最近キレイになったよね」などと褒めることや褒められることに慣れています。むしろ褒められることが好きかもしれません。これは褒められたときの反応を見れば一目瞭然です。

「えぇ～それ可愛くない？」
「そう、これ〇〇で買ってきたの、限定品よ」

と女性は基本的に褒められたことに対して嬉しいという反応をします。

一方、男性は全く反応が違います。

「君の彼女って可愛いね」
「いやいや、そんなことないですよ」

男性ならこのような回答をしていることが多いのではないでしょうか？

このように褒め慣れていないことで、本人はどのように反応をすればいいのかがわからないので、他人からすれば反応が薄い、もしくは反応がないと映るわけです。

一方、実は褒められていることに反応をしたくない、というケースもあります。それは**褒められている内容に納得がいかないときです。つまり本人にとっての肯定レベルに達していない場合です。**

例えばそれが本人にとって「褒められたい分野であるか」、またはセールスの成績などの数字があるものの場合、「一定の値を超えているか」、そして最も重要なのは「本人が全力を出していたか」です。

これらがすべてそろわないとなかなか肯定されたと思えないわけです。

しかし、肯定レベルに達していなくても、自分を褒めてくれ、肯定をしてくれる人に対して、人間は悪意を持つことはなく、好感を持つようにできています。それがたとえ、あなたが嫌いだと思っている人から褒められたとしても、表面上では嫌悪感を示すものの、無意識ではしっかりと喜んでいるのです。

ちなみにメンタリズムのパフォーマンスで、ステージに上がってきた観客を褒めることがあります。しかも、「えっ、なんで今日初めて会ったのにわかるのですか?」と驚いてもらえる褒め方です。

もちろん今こうしてこの本を読んでいて、私がまだお会いしたことのない「あなた」に対しても同じように褒めることができます。会ったことのない状況にもかかわらず、にです。

「外交的で愛想がよく，付き合いがいいときもある半面，内向的で用心深く，人を完全に信用できない部分もありますね、でもその姿勢はとてもいいと思います。それでこそ信頼できる関係が築けるというものです」

「いつも明るいけど本当は影がありますね、人に合わせてしまう自分自身って嫌になったりしますね、でも大丈夫、気にせずに自分のやりたいことをすればいいのです」

「周りから成功しているように見えますが、本当は日陰の見えない部分があって、本当に苦労されたと思います。本当によく頑張りましたね」

いかがでしょう？　きっとあなたも**この言葉を聞いて、初めて会ったのに自分のことをまるで知っているかのように褒められた、**と少しは驚かれたのではないでしょうか？　これはコールドリーディングの一種ですが、人を信用させるには十分な言葉のテクニックと言えます。

あなたに対する相手の肯定感を高める

では、肯定感を相手に持たせつつ、反応がわかるような褒め方はないのでしょうか？　そこで相手の「認知的斉合性理論」を利用するのが効果的です。

前述したように、斉合性というのは、心の思考のつじつまを合わせるようにすることです。つまり**反応がない、または薄い相手の中でつじつまが合うようにすればいいのです。そのためには、相手の心の中のあなたに対する肯定感が増すようにします。**

ここで「肯定感」という言葉が頻繁に出てきていますが、私たちは何か相手に話す場合、否定的な言葉を入れることが多いのです。しかも無意識に出てしまいます。

「もっとしっかりやりなさい」「もっとマジメに取り組むべきだ」。こういったフレーズではやる気を失せてしまいます。「この前みたいな失敗はするなよ」などと、過去の失敗をわざわざ思い起こす言葉もダメです。とにかくポジティブなワードを使っているかどうかを、話す本人がしっかり意識をしておかないといけません。

肯定的な言葉とは次のようなものです。

- 「行動的で情熱的」
- 「感受性が豊かで人間味がある」
- 「堂々として積極的だ」
- 「自分の意見を持ち意志が強い」

ぜひ意識して使ってみてください。

認知的斉合性理論を理解して「言葉」を投げかける

このように**肯定的な言葉を投げかけることで、本人の中に「この人は自分の未来を見てく**

れていて、過去について責めない人」だと感じ、**「そんな人が悪い人なわけはない、この人には心を開いても大丈夫だ」と相手は心の中でつじつま合わせを始めます。**

すると相手は徐々に心を開き、自然に反応をするようになってくれます。これは単にポジティブな言葉を投げかけるのとは違います。**認知的斉合性理論をしっかりと理解して投げかけることで、あなたの言葉は、相手のあなたに対する信頼感を驚くぐらい増やすことでしょう。**

相手の肯定感を引き出すためにメンタリストがすること

この法則はメンタリズムのステージにおいて、観客に何かを紙に書いてもらい、それを言い当てるときなどに使ったりします。

例えば太陽を描いたとしましょう。もちろん太陽を描いたことをメンタリストは知る由もないのですが、特殊なテクニックを使って見事に当ててしまいます。しかも、相手に好印象を与える言い方で話します。

「太陽を描いたのですね。実は太陽を描く人は心が明るい人が多くて、きっとあなたは

「この会場の中で、一番心が輝いている方だと思います。本当に素晴らしいです。ねっ、皆様もそう思いませんか？」

というように、他の観客にも同意を求めるのです。

前述のようなコールドリーディングではなく、いわゆる褒めちぎりです。他の観客に向けて発信することが重要で、これはいわゆる肯定感を相手に持たせつつ、他の人も使って相手の反応を「強引」に引き出す褒め方です。

想像してみてください。**もしあなたのことを褒めたたえるメンタリストがいて、しかもそのことを大勢の観客に同意してもらえたら、あなたは全く反応しないということはできないはずです。**

こうした少々強引な反応の引き出し方もするときがあり、特に人気の高いメンタリストは必ず行っているテクニックでもあります。

Mentalism 4

姿勢を見ればおおよそのことはわかる
「ポジションチェンジ・姿勢観察」

▼相手の立場になって考えると言われても…

メンタリストにとって姿勢はかなり重要な部分です。姿勢が悪いと、「場の支配力」は下がり、パフォーマンスに対する納得感が薄れてしまいます。この項目では姿勢を意識した心理術を説明していきます。

「あの人はなぜこちらの話を理解しようとしないのだろうか？」。人間関係の中で、一度や二度はこんな思いをいだく人物に出会うはずです。

こうした悩みを相談すると、決まって返ってくる回答が、「相手の立場に立って考える」ではないでしょうか。

もちろん間違いではないのですが、その立場を考えられないから相談しているのであって、考えられるのなら、最初から相談などしていないのです。特にビジネスの場では、このような悩みはつきません。

実践的な心理学ＮＬＰとは

そこで実践型コミュニケーション心理学のＮＬＰの出番です。**相手の立場になって考えることができる心理術です。**

ＮＬＰとは「Neuro Linguistic Programming」のことです。

「Neuro」は神経の意味で、いわゆる五感のことです。この五感とはご存知の視覚、聴覚、触覚、味覚、嗅覚のことで、私たちは、目の前に起きている出来事、過去の記憶、未来の予想などを認識するとき、この五感を使って認識します。

「Linguistic」は言語のことで、五感で収集した情報を、言語によって処理していきます。この言語の使い方によって、その人なりの価値観や人生観が決定づけられます。

「Programming」はプログラミングで、私たちの脳の中に組み込まれたパターンのことを指します。五感から言語化した情報によって、それぞれ思考、感情、行動のパターンがつくられます。

これらの3つの頭文字をとってNLP（エヌ・エル・ピー）、日本語では「神経言語プログラミング」と呼ばれます。

自分が見えるものと相手が見えるものは違う

このNLPの技術の中に「**ポジションチェンジ**」というテクニックがあります。このテクニックの基盤になっているのは「**知覚位置**」というもので、物事や事象、物体を認識するとき、その位置によって知覚する情報が異なる、という考え方のことです。

例えばピラミッドを正面から見れば三角に見えますが、上空から見れば四角に見える、見る角度によって違う形に見えるということです。このように**一つの角度でしかものを見ない場合、本当の形を認識ができないので、色々な角度で観察をしましょう、というのがいわゆる「知覚位置」です。**

あなたにはピラミットが三角に見えても、相手は四角に見えていたりするわけです。つまり、**あなたが確かだと思っていることが、必ずしも相手にとって確かではないということです。もちろんその反対も同じことが言えます。**

こういった考え方ができるようになると、

「怒っていると思っていたのは自分だけで、実は相手はそんなふうに思っていなかった」

「コミュニケーションがとれず苦手と思っていた相手が、実はただ物静かで口数が少ない人だとわかった」


といったことがわかるようになります。

このように相手の世界に身を任せ、相手が見ている視点や気持ちなどを考えるテクニックを「ポジションチェンジ」と言います。

ポジションチェンジで「相手の気持ち」を知る

では、どのように実践するのかを説明していきます。ここは従来のポジションチェンジに、「**姿勢観察**」を取り入れる方法を教えたいと思います。

この姿勢観察を取り入れるだけで、従来よりも高い確率で相手の視点や気持ちを感じることができます。

まず椅子を3脚用意します。椅子と椅子の距離は、約1メートルを目安にしてください。椅子はそれぞれ「**自分の位置**」「**相手の位置**」「**第三者の位置**」として、しっかりと向き合える距離にしてください。第三者の位置は自分と相手の椅子が同時に見える位置です。

では本番です。まず「**自分の位置**」に座り、もう一方の椅子にイメージの中で、想像上の相手を座らせます。そして、その人に対して、感じていること、伝えたいこと、わかってほしいこと、期待していることを伝えます。

大事なのは、イメージの中の相手をしっかりと確認することです。どんな姿勢で座っているのか、どんな表情で座っているのか、どんな雰囲気を出しているのか、呼吸なども感じとれるぐらいしっかりと相手を感じて、「あなたの言いたいこと」を伝えます。

伝えたいことが終わったら、今度は「**第三者の位置**」に移ります。

そして、**その視点から自分と相手の関係性を観察します**。この「第三の位置」に移るときは、「自分の位置」で感じた感情を、「自分の位置」に置いたまま移ることが大事です。

「第三者の位置」で、客観的に自分と相手との関係を確認したら、「**相手の位置**」に移ります。気持ちをリセットして、改善をしたい相手の中に入り込むようなイメージで相手が座っている椅子に座ります。そこで「自分の位置」から伝えていたメッセージを受けとめ、どのように感じるかを確認します。

相手の感覚になって、相手が感じていること、伝えたいこと、わかってほしいこと、期待していることを、自分の位置に座っている想像のあなた（自分）に伝えるのです。

この一連の椅子を動きながら相手の気持ちになって感じることを「ポジションチェンジ」と言うのです。

■さらに「相手の姿勢を観察する」ことが大事

そして、**NLPのポジションチェンジを行うとき、相手の姿勢を観察することを取り入れます。**この「**姿勢観察**」がとても重要になります。

第三者によって姿勢を観察することは「身体心理学」と呼ばれるもので、姿勢のありようによって、その人の気持ちを判断するのです。

例えば猫背だったり、前かがみで話す人だったり、背筋を伸ばして立っている人など、その人たちの姿勢を見るのです。

人の姿勢は三者三様で、細かいところまで解説をすると長くなるので、今回は簡易版をお伝えします。

まずは、相手の姿勢が「丸まっているのか」、それとも逆に「オープン」なのか？

そこを見れば心の状態がよくわかります。

姿勢が丸まっている場合は、基本はネガティブな感情があるときです。反対に姿勢がオープンであるなら、前向きな感情であるときです。

前述のポジションチェンジの「第三者の位置」で「相手の位置」を観察するとき、体の姿勢がどちらなのかを見ることで、その人の心理状態がわかるということです。もちろん少し練習は必要ですが、慣れると本当に相手の姿勢が見えてきます。身につけて損はしない心理術です。

メンタリストは「姿勢」の変化を見逃さない

この法則は、メンタリズムのステージでは、5人の観客に、メンタリストがあるものを渡し、1人の人に隠して持ってもらいそれを当てる、というパフォーマンスのときに使います。ここでは当てる確率を高くするためにトリックを使いますが、その場合は必ず2分の1の確率で2人が持っている状態に仕向けます。

このとき、色々なしぐさを見ることで言い当てることもありますが、一番早くて確実なのが「姿勢」を見ることなのです。

何かを隠し持っている観客は、ほぼ間違いなく体が「丸く」なります。一方隠し持っていないほうのお客は正々堂々としているものです。

これはいわゆる私の経験則ですが、ほぼ外したことがありません。

Mentalism 5

早口な人の心の奥底を知る
「不安のディスクレパンシー」

早口は知性的？　それとも緊張の現れ？

メンタリストは実に早口のパフォーマーが多いです。日本人メンタリストやイギリスのメンタリストのダレン・ブラウン氏など、出演映像などを観ていただければわかる通り、早口のパフォーマーが多いのは一目瞭然です。

実は日本人の30％は早口の癖を持っているそうです。これは常日頃から早口の人のことで、緊張すると早口になる人や、人前に立つときだけ早口になってしまう潜在的な早口、いわゆる「急性早口病」の人も含めると、驚くことに実に50％以上の人が早口になってしまうとも言われています。

では、なぜ人は早口になってしまうのか？　一般的には次のような理由があるとされています。

頭の回転が速い

人は話すスピードの10倍ほどの速度で思考が回っていると言われています。

自己中心的

会話に間がないことが多いタイプです。コミュニケーションは間があるからこそ会話が成り立ちます。独りよがりの自己中心的なタイプには早口が多いです。

緊張

自分の会話を途中で遮られたくない、または賢そうに見えるといった理由で早口になることがあります。微表情学の権威のアメリカの心理学者ポール・エクマン氏によると、人間は恐れると早口になるとされています。

これらの3つがそれぞれ独立しているのではなく、いわば「複数」当てはまる人間が早口になります。つまり早口で話す人間は「頭の回転が速く、自己中心的で、緊張をしている」ということです。

日本では早口は頭の回転が速いという側面でしかとらえない傾向がありますが、本当のところ、**早口で話す人は神経質っぽく見え、落ち着きがなく、せわしない印象を与えてしまいます。さらに「この人はわかりやすく物事を伝えることができない」と思われ、結局、頭の回転が速いと印象づけたいときにも、逆に「頭が悪い」と思われるのです。**

では、なぜ早口で話してしまう人は、このような3つの側面を持ち合わせてしまうのでしょうか。そこをしっかり理解するためには、「**不安のディスクレパンシー**」を理解しておくことが必要です。

▼早口は、不安がある人とない人の組合せで起きる

不安のディスクレパンシーの正式名称は「**不安のディスクレパンシー活性化モデル**」です。

二者間の会話は、二者の不安レベルのギャップによって促進される、というのがこの活性

化モデルの意味するところです。

簡単に説明しますと、**不安が高い人同士や不安が低い人同士よりも、不安が高い人と低い人といった組合せの方が会話は多くなり、特に不安の高い人のほうが早口になる**、と実験で証明されているのです。


私も以前、早口になる人の気質などをエゴグラムで調べたことがあるのですが、やはりどの人も神経質であり、極端な緊張を持つタイプが多く、特に話題をその人の知らない分野に変えようとすると、黙り込むか、もしくはその話題を自分の得意分野に引き戻すようにする傾向が強く、皆さん面白いぐらい性格が酷似していたのです。

こう考えれば、講師などで早口になる人のことも理解できるのではないでしょうか。講師は人前に立ち、普通であればいわゆる緊張状態となります。一方、受講生は、今からどんな話が聞けるのかを期待していて、不安の度合いは低いのです。

早口と緊張の関係

ここで注目をしていただきたいのは、早口と緊張という関連性です。どうしても早口を治そうとする人は、次のようなことに注目して改善しようとします。

- とにかくゆっくり話すようにする
- 句読点を意識する
- 口を大きく開けて話す

これらはどれも「ゆっくり話すため」の方法です。句読点を意識するというのは、話す内容を小さく分けることで、ちゃんと聞き手に伝えるためです。口を大きく開けて話すのは、口を大きく開けると早く話すことができないからです。

しかし、この方法のどれを採用しても、実はあまり効果はありません。なぜなら、これらは緊張状態に入っていると、意識ができなくなるからです。

つまり、**早口を治すには、緊張状態を取り去る以外に方法はない、ということです。緊張が取れれば、自然とゆっくり話せるようになります。**

緊張しない唯一の方法

人間なら誰しも緊張します。「人前で話さなければならない」「観客の前で演技をしなければならない」「社運のかかったプレゼンをしなければならない」と、きっと色々な場面で緊張を強いられるのではないでしょうか。

緊張を取る方法はたくさんありますし、プラシーボ（偽薬効果）を期待するようなもの、例えば手の平に「人」の文字を指で書き、それを飲み込むしぐさなどもありますが、実際のところ緊張を取る方法は一つしかありません。それは、「等身大で勝負」することです。

緊張するというのは、ようするに自分の器を超えているということです。「うまく話さなくてはならない」と考えていても、人間は自分の実力や器以上のものは出せないわけですから、無理に出そうとすると当然緊張をします。

きっとあなたにも緊張をする場面が何度もあったと思います。そのときのことをよく思い出してほしいのですが、きっと自分の実力以上のことをやろうとしていたはずです。**緊張は自分の器を無理に超えようとしたときに起こります。ですから、飾らずに今の「自分のまま」で勝負しましょう。それが唯一、緊張をしない方法なのです。**

等身大の自分の言葉で話す

この法則をメンタリズムのステージではどのように活用するのか。それはまさに「自然体」でパフォーマンスをするということです。

私は弟子には必ず**「セリフを覚えるな」「そのままの自分の言葉を話せ」「カッコをつけるな」と注意をします。もちろん毎回自分自身にも言い聞かせています。**

人前に立って話したことのある人ならご理解いただけると思いますが、結局は「自然体」であるときが一番いいパフォーマンスになるのです。

メンタリストがパフォーマンスをするときも同じこと。妙に演技くさいパフォーマンスをすると、それだけで観客と自然な会話ができなくなります。映画『アナと雪の女王』の曲でもありましたが、ありのままでいるのがベストなのです。

Mentalism 6

相手の性格を見抜いて動かす
「ＰＭ理論、エゴグラム」

あなたをリーダーとしてとらえてみる

メンタリズムにおいて、目の前の人の性格を見極めることはとても大切です。なぜならその人の性格、性質がわかると、どのような話し方で心が開くのかがわかるからです。本物のメンタリストはそれをしっかりと認識しながら、相手との会話の中でそれらを探っていきます。その際に「ＰＭ理論」を使用することがよくあります。

ＰＭ理論とは経営学用語の一つで、組織においてのリーダーの役割構成について述べたものです。Ｐというのは「Performance function（目標達成能力）」の略であり、Ｍというのは「Maintenance function（集団維持能力）」の略です。

難しい言葉に聞こえますが、簡単に言えばリーダーにPが備わっていれば組織は成果をあげられるようになり、Mが備わっていれば組織はチームワークを強化できるようになるということです。このPとMがリーダーにどれだけ備わっているかということがリーダーシップをどれだけ発揮しているかを示す基準になります。

この理論は日本の社会心理学者、三隅二不二《みすみじゅうじ》氏が1966年に提唱したリーダシップ論で、日本でもビジネスをされている多くの人がその存在を知っています。

なぜ、相手の性格を見抜くのにリーダーについて知る必要があるのかと疑問に思われたかもしれませんが、このPM理論がとても役立つのです。リーダーとはあなた自身のこと。あなたをリーダーになぞらえて読み進めてください。

それではリーダーシップを見るPM理論をベースに相手の性格を見抜く方法を説明しようと思います。

PM理論における4つのタイプ

まずPM理論ではどのようなものなのかを簡単に解説しましょう。PとMはそれぞれ目標達成能力と集団維持能力を指標にして、この2つの能力の大小とバランスで判断します。そしてPとMを高める方法はチームと個人の目標の明確化やコミュニケーション力アップ、情報共有などになります。**PとMの能力の高さによって、どのようなリーダーになれるのかが決まる**と理解してください。

PM型（P・M共に大きい）

目標を明確に示し、成果をあげられると共に集団をまとめる力もある理想型のタイプ

Pm型（Pが大きく、Mが小さい）

目標を明確に示し、成果をあげるが、集団をまとめる力が弱い。成果はあげるが人望がないタイプ

pM型（Pが小さく、Mが大きい）

集団をまとめる力はあるが、成果をあげる力が弱い。人望はあるが、仕事は今ひとつというタイプ

pm型（P・M共に小さい）

成果をあげる力も、集団をまとめる力も弱い。リーダー失格タイプ

PM理論はどこまで通用するのか

このPとMだけ備わっていれば、チームは業績をあげ、安定してくるのかというと、そう簡単にはいきません。経営学を学ぶ者がこのPM理論を実践していく中で、必ずぶち当たる壁があります。もうこれは断言ができるくらい、必ず皆さんが悩むポイントです。

それは、組織としては有効なこの理論ですが、対個人（相手）には効果が薄いということです。組織といってもしょせん「個」の集まりにしかすぎません。つまり「個」をどのように扱うかが非常に重要になるということです。

人間には欲求があることは周知の通りですが、このPM理論では個人の欲求を刺激することはできません。**私たちが目指す理想はPもMも高い状態ですが、「個」に対する欲求を刺激できる人間だけが、この理想に到達できるのです。**

エゴグラムの5つの本質で個の欲求を読み解く

そこで「個」の欲求を刺激するための方法として、私はPM理論に加えてエゴグラムを学ぶことを推奨しています。エゴグラムとはエリック・バーン博士の交流分析という心理学理論を元に考えられた性格診断法です。

エゴグラムは人の心を5つに分類しており、私たち人間はこの基本的な心の状態の組み合わせで成り立っているとしています。

CP（支配性）…厳しい心

自分の価値観を正しいものと信じて譲らず、責任を持って行動し、他人に批判的です。この部分が低いと、怠惰な性格になります。

NP（寛容性）…優しい心

愛情深く、他人を思いやって行動し、世話好きで保護的で親切です。この部分が低いと、冷淡な性格になります。

A（論理性）…論理的な心

現実を重視しており、知的で計算力が高く、聡明で頭脳明晰で合理的です。この部分が低いと、非合理的な性格になります。

FC（奔放性）：自由奔放な心

明るく好奇心旺盛でユーモアがあり、自我中心性で自己中心的です。この部分が低いと、閉鎖的で暗い性格になります。

AC（順応性）：協調性的な心

他人からの評価を気にし、言いたいことを言わずに我慢してしまい、従順で遠慮がちです。この部分が低いと、マイペースな性格になります。

このように5つの心の状態を測定し、その高低をグラフにするのが、本来のエゴグラムです。そのグラフの形によって相手の性格や気質を見極めます。

PM理論とエゴグラムの両方を使う

エゴグラムは5つの心の状態を元にはしているものの、そのパターンが細かく分かれており学習をするには時間を要するので、ここでは**簡単な見極め方をお伝えします。それは「相手の一番目立つ性格にコミュニケーションを合わせる」という方法です。**

例えば相手が頑固な人だと感じたとします。頑固ということは自分の価値観を信じているわけなので、いわゆるＣＰ（支配性）が高いということがわかるわけです。

支配性が高いということは、組織で動いてもらうときには、たとえその意見を取り入れようと最初から思っていなくても、意見を聞くようにすればいいのです。ＣＰの高い人は自分の意見を述べたり、自分の価値観が共有できたことで安心します。そしてリーダー、つまりあなたに対しても信頼を持つようになるのです。

このように、**ＰＫ理論のＰとＭを自ら高め、さらに必ずエゴグラムを使って、相手の性格に合ったコミュニケーションをとるのです。それができるようになると相手に気持ちよく動いてもらうことができるのです。**

■メンタリズムでもエゴグラムを使う

ちなみに私はステージで相手の性格や性質をつかむときにエゴグラムを使用しています。

例えば、○□◇☆の４つのマークのどれか１つを選ばせたい場合、ステージに上がってきた観客と少し会話をして、自由奔放な心、つまりエゴグラムのFCが高い人だと判断できた場合は、その人は実に7割の確率で☆を選びます。その他の3割は○を選び、FCの人が◇や□を選ぶことはほとんどないことが経験上わかっています。

なぜならFCの人は基本的に角ばったものを避けることが多いのです。逆にCPやAの人の場合は、ほぼ□か◇を選びます。

これは心の状態が形状として現れる「マインドシンボリック」と言われるもので、私も最初は信じていませんでしたが、ステージで実践することで、その効果の大きさに驚いています。

Lecture 3

相手に気持ちよく動いてもらう！
人の心を動かす最強の心理術

Mentalism 1

恐怖心をあおり行動をうながす「保有効果」

人は執着心で手放せなくなることがある

メンタリズムでは時に暗示を使う場面があります。ステージで観客が面白がってくれるのが「メンタリストを好きでたまらなくなる暗示」です。まさに言葉の通り、女性の観客を1人ステージに上げ、軽い暗示をかけ、メンタリストを手放したくなくなるぐらい好きになってもらいます。

「本当にそんなことが可能なのか？」と思うことなかれ、相手に暗示をかければ相手はムキになるくらいあなたを手放しません。こうした**執着心**を生み出すことも、本物のメンタリストにとって朝飯前のことです。

人間という生き物は不思議なもので、他の動物にはない特徴があります。それは〝もの〟に対する執着です。もちろんペットなどを見ていると、いつも手放さないおもちゃがあったりはしますが、それは愛着であり、執着ではありません。

執着は手放さないという感情もありますが、同時に「手放せない」という感情もあるのです。これを心理学用語で「**保有効果**」と呼びます。

保有効果とは、「自分の所有物になったものに対して、高い価値を感じて手放せなくなってしまう心理状態」のことを言います。

きっとあなたにも必要はないが、なんとなく捨てられなくてずっと持っているものがあるのではないでしょうか？　これは、所有しているものに対して「保有効果」という執着心が働いているからです。

保有効果の実験

この効果は1970年代初めに、当時ニューヨーク州のロチェスター大学の大学院生だった経済学者、リチャード・セイラー氏によって提唱されたものです。

実験は次のように行われました。

被験者の学生をランダムに1と2の2つのグループに分け、1のグループに大学のロゴの入ったカップをプレゼントします。
プレゼントした後、1グループに「いくらで2グループにカップを売るか」と聞き、カップをもらわなかったグループには「いくらなら1グループからカップを買うか」と聞きます。そのカップは6ドルで販売していましたが、質問の内容の結果の平均をとると、面白い答えが返ってくるのです。

1グループ……7・12ドルで売る
2グループ……2・87ドルで買う

このように手に入れると、手に入れていない状態と比べて、価値を感じる差が約2倍も違ったのです。

▼保有効果が最も発揮されるとき

では、なぜこのように感じるのでしょうか？

それは、持っているものに対する価値を他人も同じように感じると思ってしまい、自分のものに対する愛着をより強く感じてしまうからです。

そして、この**保有効果が最も発揮されるのは、それが「手に入れるよりも、失うかもしれないことを重要に感じるとき」です。**これはいわゆる「**現状維持バイアス**」によるもので、現状の変化を嫌う人間の性質から来ています。

例えばビジネスを立ち上げるほうがお金を稼ぐことができると理解していても、会社勤めをしている限り、給料という一定したお金が保証されているので、その保証のある世界からなかなか離れられないということがあります。そして、現状を変えないための言い訳をつくり、自分を納得をさせ、ビジネスの立ち上げを断念するのです。

このように保有効果は、ある意味、人に鎖をつけ、動けなくしてしまう心理効果でもあります。人が動かないと、もしあなたが悩んでいるのであれば、このことを理解しておくことが必要です。

保有効果に伴う「恐怖心」を利用する

さて、なぜ人は動かないのか。これはあなたが悪いのではなく、あなたの指示が悪いのでもない。単にこの保有効果が働いているからなのです。人が動かないのは外部要因よりも、その人の内部要因に原因があります。

では人が動けなくなるこの鎖を断ち切るにはどうすればいいのか？　それは相手の「恐怖心を利用」することです。

人間は本能的に恐怖心を持っています。そしてこの恐怖心には実態はなく、自分の中でつくりだしているものです。**脳は大きな変化を苦手としているため、恐怖という感情をつくりだして、その行動をセーブしようとします。これは本能であり、自分自身を守るためのものです。**

この恐怖心を利用して人を動かしましょう。

恐怖の対象に飛び込ませる方法とは

本来、恐怖心を消す方法として、恐れを感じている現象にしっかり向き合い、それに関わることで恐怖心を消すことが挙げられます。いわゆる「恐怖の対象に飛び込む」ということです。しかし、この飛び込むという行為がなかなかできません。

この**自分ではなかなかできない「恐怖の対象に飛び込む」ということを相手が行うように、仕向けるのです。**

例えばこんなやりとりで部下に行動を起こしてもらうことができます。

あなた「この案件の進捗状況はどんな感じかな？」
部　下「はい、まだ60％しかできていませんが、今さらに進んでいますので、後2カ月で終わるかと思います」
あなた「2カ月？　そんな時間はない。時間があるのは3週間だ」
部　下「3週間ですか？　いや、それはとても無理です」
あなた「無理なのか……どうしても無理なのか？」
部　下「はい、時間もないですし、何より人的リソースが足りません」
あなた「そうか……このプロジェクトは社運がかかっているのだから、達成できないと私が責任をとって辞めなければならない……」

この時点で部下はある意味安堵します。なぜなら自分自身が辞めるわけではなく上司が辞めるからです。こうした**安堵をしたタイミングで素早く次のような言葉を投げましょう。**

あなた「そうか、私が辞めれば後任は決まるが、今プロジェクトに関わっている数人は左遷になると思う。君も一応は覚悟しておいてくれ」

さて、ここで部下の**心理状態は安心から一気に不安へと変化**しました。今までプロジェクトの失敗があっても自分の立場は変化しないので、特に本気で行動をする動機はありませんでしたが、このプロジェクトを成功させないと、左遷を余儀なくされてしまいます。

つまり**大きな変化を強いられることになるわけですから、一気に変化が起きないようにするために行動を始めます。**この恐怖心の植えつけはかなり有効で、多くの人が面白いぐらい行動を起こしてくれます。

決して脅しにならないようにすること。あくまでもあなたが「損」を被るが、そちらにも「影響」は及ぶくらいに留めるのがポイントです。今保持しているポジションを守るためなら、部下はきっと動いてくれることでしょう。

この法則を私はステージでも多用しています。

観客が10枚ほどのカードの束から1枚を選んだとします。このとき（心の中ではカードを変えてほしくないのですが）、わざと、

「さて、いまこの1枚を選びましたが、これは私が誘導して選ばせたものかもしれません。あなたはこちらのカードを選ぶことができましたね。いや、こっちを選ぶこともできたはずです。でも、あなたはこの1枚を選びました。もう一度だけ聞きます、このカードを変えますか？」


というように話します。

すると、約8割の人はそのカードを変えません。しかも女性なら、9割の確率で変えないのです。男性は素直でない方も多少は存在しますので、このようなパフォーマンスでは、ほぼ女性をステージに上げることになります。

まさに保有効果であり、ステージの上という注目される場所では特にこの傾向は高く、保有することを手放そうとはしないのです。

Mentalism 2

与えるものを間違うな「アンダーマイニング効果」

真のプロはパフォーマンスを変える

本物のメンタリストは、パフォーマンスで同じ人に同じことはしません。

例えば、今日、相手の心に思い浮かんだ数字をいきなり当てるパフォーマンスをしたら、次は相手が選ぶものを事前に予知して紙に書いておき、見事に当たったことを見せたりします。毎回同じパフォーマンスをせず、必ず変えるようにしているのです。

私が2002年の頃に、大阪でメンタリズムバーを経営していたときは、それこそ毎月パフォーマンスを変え、一度来られたことのある人もしっかり楽しめるようにしたものです。もちろんこれは観客に飽きさせず、また来店していただくのが目的ですが、それ以上に観客が「同じもの」を見ることへの慣れを防ぐのが目的でもありました。

刺激に慣れると、さらに上の刺激を求めるようになる

想像してみてください。あなたは今日から、毎日カレーを食べるとしましょう。初日は久しぶりのカレーが美味しくて、あっというまに平らげました。そして次の日もカレーです。これも難なく食べたとします。しかし、3日目にカレーが出てくると、さすがにゲンナリしますよね。「またカレーかよ、もういいよ、カレーは」となると思います。

なぜこのようなことが起きるのでしょうか？　いくらカレーが大好きといっても、毎日になるとさすがに飽きるものです。これは食べものに限らず、どんな現象でも当てはまります。

これは人間のわがままのなせる業なのか？　いいえ、違います。昔テレビでダウンタウンの松本人志さんがこんな発言をしたことがありました。

「いくら貧しい難民でも、毎日同じものを食わされたら飽きるし、腹がいっぱいになったらもうそれ以上はいらんねん」と。

もう30年も昔の番組だったのですが、きっと現代なら、コンプライアンスに引っかかる発言だったかもしれません。でも私はその言葉にすごく納得をしたことをハッキリと覚えてい

ます。

難民は普通に食べられない状況であるにもかかわらず、なぜ日々の食べものが同じ場合に飽きてしまう現象が起きるのでしょうか？

実はそれは人間のワガママではなく、脳がそう作用させるのです。**人間の脳には同じ刺激が与えられると、その刺激に慣れるにつれ、その「快」への感受性が低くなります。するとその刺激以上の「快」を求めるようになるのです。**

このとき脳内では大量のドーパミンが求められる状態になっています。

刺激に対する反応を見る実験

この事象について次のような実験が行われました。

ドーパミン・ニューロン（報酬系）の反応を見るため、普段、いつもパンしか食べない被験者と、普通の食事を摂る被験者を比較した実験がありました。ここではまともに食事が摂れない貧乏学生をイメージしてください。

すると、普段パンしか食べない被験者に他の食事を与えたとき、被験者は満腹になっているにもかかわらず、食事の追加を要求したのです。

つまり、食べることに対するドーパミン・ニューロンが刺激され、より報酬を得ようとし、さらに他のものを食べてしまう結果となったのです。**食べても満足しないという渇望感がさらに食べものを求めてしまうわけです。**

過食症という症状も、いわゆるこれと同じもので、これにストレスが加わるので、ほぼ意識的に抵抗はできないのです。

よく企業などでは、その報酬、つまり給料の額を上げることが、すべての社員のモチベーションになるはずだと考えることがありますが、実は１００％通用するわけではありません。

もちろん給料は上がるに越したことはないですが、それがモチベーションを上げる決定打にはならないのです。

しかも、恐ろしいことに、「報酬が上がる」「給料が上がる」と目の前にニンジンを吊るせばやる気になってくれると思いきや、すべてではありませんが、実は逆に人のやる気を奪ってしまう可能性もあるのです。

▶内発的動機の意欲の変化を調べたら

この問題に答えを出したのが、モチベーション研究の第一人者のエドワード・デシ氏が行った実験でした。

この実験は、人間が行動を起こすときに持つ「外発的動機づけ」と「内発的動機づけ」に注目したものです。これらの動機づけはモチベーションを知るためには、まず知っておかないといけない重要な心理状態です。

「外発的動機づけ」とは、外部から与えられる受動的な動機づけです。一方、「内発的動機づけ」とは自分の内側から自発的に起こる能動的な動機づけです。

実は**人のモチベーションはこの内発的動機づけでないと長続きせず、外発的動機づけのような、いわゆる金銭的な報酬はモチベーションを上げることが難しいのです。**

エドワード・デシが行った実験とは次のようなものでした。

当時大学生の間で流行っていた「ソマ」というパズルを使って実験が行われました。大学生を2つのグループに分け、7種類の色々な形をしたブロックを組み合わせ、図で表された色々な形をつくるという実験でした。なおパズルは両グループが普通に解けるようなレベルのものでした。これを3回行いました。

1回目は、両グループは普通にパズル解きを行います。2回目では、1つのグループにパズルが解ける度に報酬を与えることを約束し、実際に守られました。3回目では、両グループとも1回目と同じように実験が行われました。

どの回でもパズルが2問解けるたびに、大学生は8分間部屋を離れ、マジックミラー越しに彼らの観察が行われました。

実験室には学生が読みそうな雑誌が用意されていたり、魅力的なゲームがあったりして、その8分間は自由な時間を過ごしていいと学生たちには伝えられていました。マジックミラー越しに観察している間にも学生がパズルを解けば、内発的動機の意欲が高い、と判断できるとされたのです。

わかりやすく説明すると、学生が授業を終えた放課後でも、一生懸命に勉強を続けていたら、意欲のある学生だということです。


では、その実験結果はどうだったのでしょう。

1回目から3回目までの自由時間にパズルに取り組んでいた時間の変化を見ると、なんと報酬を「与えた」ほうのグループには、意欲の低下が見えましたが、もう一つのグループには意欲の低下は見られませんでした。

この結果より、**与えられた課題に対し、報酬が与えられることで、実は意欲が下がることが結論づけられたのです。**

その後、対象を変えたものの、すべてにおいて同じ結果が出てしまったのです。こうした現象を「**アンダーマイニング現象**」と言い、この効果のことを「**アンダーマイニング効果**」と呼ぶようになりました。

動機づけはお金ではなく達成感や成長度がふさわしい

結局この項目では何をあなたに伝えたかったのか？　それは日常生活においても、ビジネスの現場においても、お金を報酬にする安直な考えはやめたほうがいいということです。

子供が頑張って100点の成績をとってきたので、嬉しくなり「なんでも欲しいものを言いなさい、頑張ったから買ってあげるよ」と言ったとします。子供にはそこから「成績でいい点をとる」＝「お金がもらえる」という図式ができ上がります。

さて、もしこの後、「もう別にお金とかいらない」となると、途端に成績でいい点をとることに対するモチベーションが下がります。すると、もう勉強さえする気が起きなくなるのです。

これはビジネスにおいても同じで、もう給料はこのままでいいと考えてしまうと、仕事をするモチベーションが下がるのです。

だからこそ、**私たちはモチベーションを維持、高めることにおいて、「達成度」「成長度」に注目しなければなりません。そして達成感や成長度を知るには自分で物事を決定していく体験を積まなければならないのです。**

つまり、モチベーションを向上させるためには、こちらが指示をするのではなく、たどり着くゴールを見せて、後は本人の動きに任せることが重要なのです。

自分の意思で行っているということが大切

子供であれば、そのプロセスを本人に任せてみましょう。例えばゴールが本を2ページ暗記するというものなら、暗記するための時間を告げ、「こういう風にすれば覚えやすいよ」とアドバイスをして、後は本人に任せるのです。

これは仕事やビジネスであっても同じです。同じように目標達成のゴールを見せ、どのように展開をしていくのかをアドバイスし、後は本人に任せる。困ったときはいつでもフォローできるようにすれば、間違いなくその人は成長することでしょう。

他人からやらされている感覚やコントロールされていると感じている場合はモチベーションが下がり、自分の意思で行動をすればモチベーションは高まります。この事実がわかれば、あなたもどのように人を動かすのが正解なのかはご理解いただけるはずです。

Mentalism 3

男女間の「仲良しは嘘の始まり」
「ネガティブの閾値《いきち》」

相手にできるだけ話してもらう

まだ途上のメンタリストはとにかくトークを繰り広げ、自分のポジションを確立します。しかし、本物のメンタリストは自分の言いたいことを話し終わったら、観客に自ら話をさせ、観客本人から実に多くの情報を引っ張り出そうとします。これを行うかどうかで、その後のパフォーマンスに天地の差が開きます。

メンタリストは相手の心を読み誘導しますが、相手に自己開示をさせるテクニックがなければそれはうまくいきません。もちろんトリックを使えば読んだ「フリ」は可能でしょう。しかし、それ以上の効果を望むなら、相手に話してもらうための心理術が必要になります。

男女もお互いに多く話をするほうがその関係がよくなるのは当然のことです。

男女の関係に見るネガティブの閾値の高さと低さ

ところであなたは結婚をされていますでしょうか？　または独身であれば恋人はいますか？　どちらにしても男女間というのはケンカをしたり、別れたりするもので、そのような経験が一度はあるかと思います。

そういった男女の関係について、心理学者のジョン・ゴッドマン氏と数学者のジェームズ・マレー氏がある研究を行いました、そしてのちに発表をしたのが「ネガティブの閾値」というものです。閾値とは物事が変化する境目となる値のことです。

このネガティブの閾値の「高い」夫婦や恋人は、小さな不満を見ないように自分に蓋をして、できるだけお互いの衝突を避けます。一方、ネガティブの閾値が「低い」夫婦や恋人は、小さな不満があってもすぐに衝突してしまいます。

「ケンカするほど仲がいい」という言葉がありますが、一見、ネガティブの閾値が低い夫婦のほうが、何かあるたびにケンカをするので、本当は気が合わないのではないのかと感じてしまいます。しかし**実はネガティブの閾値の高い夫婦のほうが離婚率は高いというデータが出ています。**意外な結果ですが、これはどういうことでしょうか？

小さな不満でもすぐにケンカする男女は別れない

ジョン・ゴッドマン氏は数百組の夫婦や恋人の会話を記録しましたが、実はあまりケンカをしない、またはポジティブな会話が多い夫婦や恋人のほうが別れる確率が高かったということが判明したのです。

これは日頃からお互いの不満な点を我慢し、言いたいことを押さえてストレスを溜めた状態で生活することで、不満がつもりに積もって、一気に爆発をしてしまうということです。今最も多い熟年離婚というものは、まさにこの状態のことを指します。

一方、**ネガティブの閾値の低い夫婦や恋人は、少し不満を感じてもすぐに口に出し、そのつど関係を壊し、また構築していきます。普段から衝突している関係のほうが、その関係性は維持されやすいということなのです。**

つまり、仲良し夫婦は、結局はどちらかが我慢をしていて、どちらかが常にストレスを溜め込んでいる状態であるとも言えるのです。

もしあなたが夫婦間、または恋人間でまったくケンカがない場合で、なおかつあなたがストレスを抱えていないときは、相手が黙ってストレスを積み上げていることがあるので、気をつける必要があります。

「4つの感情」が出てきたら男女関係は要注意

ジョン・ゴッドマン氏によれば、離婚、または別れに結びつく「感情」というものがあるといいます。しかもそれは94％の確率で当たるという結果を発表しているのです。そんな男女間に破壊をもたらすような感情とは一体なんでしょうか？

それは「**軽蔑**」「**無視**」「**批判**」「**防衛**」の4つの感情です。

もしあなたが男だとして、「あなたは最低で役立たずの男よ」と「**批判**」され、「**軽蔑**」され、あなたが話し合いをしたくても「**無視**」を決め込まれ、相手が「**防衛**」的な態度になる。こんな状態で関係を維持するのはとても難しいし、よほど経済的な関係性がない限り、ゴッドマンの研究通り、94％の男女は別れてしまうでしょう。

特に「軽蔑」という感情は相手との関係性のみならず、相手の心身の健康にまで影響を与え、なかには鬱になったり、ひどい場合は自ら死を選ばせてしまったりすることも珍しくはありません。

聞いた話ですが、夫が昔から借金を繰り返したり、家にお金をあまり入れないような状態が続き、その奥様はそのなかで5人の子供を養い、非常に苦労をされたそうです。

それでもいっこうに行いを変えない夫に、奥様はついに愛想を尽かし、離婚はしないものの、いわゆる前述した4つの感情でしか関係性を保てなくなったのです。

その状態が数年過ぎたある日、突然前触れなく、その男性（夫）は自ら死を選びました。当然の報いだ、とあなたは思うかもしれません、しかし、理解していただきたいのは、この4つの感情は、人を死に至らしめてしまえるほどの力があるということです。

では、逆に円満な夫婦や恋人の間では、どんなことが日常的に行われているのでしょうか。それはお互いの不満や思っていることを口に出して、しっかりコミュニケーションを取ることです。

後々の大きな衝突よりも、小さな衝突を繰り返すほうが安全ですし、夫婦や恋人関係を長持ちさせることができます。

そして何よりも「軽蔑」「無視」「批判」「防衛」、この4つの感情を出さないことです。この感情が出ると、もう後戻りはできません。破壊という結果しか残らないでしょう。後悔先に立たず。絶対に気をつけてください。

男女の関係をよりよくする方法

男女の関係をよりよく維持するためには頻繁に会話をして、しっかりお互いの思いを伝える必要があります。

このように**日頃から思いを伝えることで、実は相手に対する不満が消えるキッカケとなり、ケンカをしなくてすみ、ネガティブの閾値も低い状態を維持できるようになるのです。**

パートナーと仲よくしたいけれど、やはりケンカはしたくない、そんな人は相手とよく話し合いましょう。当たり前のようなことに思えますが、このネガティブの閾値を意識するかどうかで、お互いの関係性が見違えるように変わってきます。

この法則を利用し、私はステージで面白いパフォーマンスをします。

まず夫婦やカップルを選びます。そしてお互いに不満があるかどうかを観客の観ている前で聞きます。この場合、ほぼ女性側は笑いながら「ないことはない」と言います。男性側はいつも苦笑いです。

そしてこう始めます。

「よろしいですか？　お付き合いをしていると色々なことがありますが、今日、この瞬間から、目を少し閉じて、最初に出会った頃のことを思い出してみてください。そう、ゆっくりと」

と続け、最初にデートした場所、どのような出会いがあったのか、２人のなりそめを聞くのです。

それから２人で自由にカードをシャッフルしたり、交換したりして、最後にお互いに好きなカードを選んでもらうのですが、不思議とお互いのカードが一致するのです。

このときの２人の照れ具合は見ていてほほえましく、観ている観客はほっこりするような感覚になります。

男女間は、お互いの思いを伝えられる共同作業をすれば、２人の絆を強くできるといつも感じるパフォーマンスです。

Mentalism 4

とにかく恩は先に売れ
「好意の返法性」

「与えよ、さらば与えられん」は心理技法の一つ

私の祖母は中国人なのですが、私が小さい頃に聞かせてくれた、今でもハッキリと記憶に残っている言葉があります。それは「**大徳は小怨を滅ぼす**」です。**受けた恩恵が大きければ、小さな怨みは消えてしまう**という意味で、華僑たちが代々読んでいる『春秋左氏伝』に出てくる言葉です。

とにかく恩を売ればのちのち困ることはないし、必ず誰かが助けてくれるようになる、ということの言葉を聞いたのは、私が小学生の頃だったと記憶しているので、今から考えると、よく小学生にそんなことを教えたなと思います。

しかし、大人になっていくにつれ、その言葉は真実だということがハッキリと理解できる

ようになったのです。おばあちゃんの知恵袋とでも言いましょうか、さすがに戦争を生き抜いた人間だなと畏敬の念を抱いています。

こうした考えを「ずるい」と感じる人もいるかもしれませんが、華人にとってずるい＝賢いという意味なので、日本人にとっては理解できない文化かもしれません。しかしそれが華人の文化なのです。

ちなみにメンタリストは、ステージに上がってもらう観客によくプレゼントをします。これは日本ではあまり見かけませんが、やはり海外ではよくある光景です。

日常にひそむ「好意の返報性」

そんなずるさと感じるものを、実は日本でもよくマーケティングの中に取り入れているのです。

例えば、「無料のセミナーにご招待し、最も肝心な部分は高額塾に参加すれば知ることができる」といったやり方も、ある意味ずるいと呼べるものでしょう。

身近な例では、スーパーなどで試食をしてもらい、すぐに商品説明をして購入に結びつける方法も、一応食べてしまったので悪い、1つでも買っていかないと罪悪感にかられる、という思いを抱かせる方法です。これも相手の心理状態に罪悪感を持たせるものなので、ずるいといえば確かにその通りではないでしょうか。

こうした方法を心理学では「**好意の返報性**」や「**返報性の法則**」と呼び、実に多くの場所で利用されています。**他人から受けた施しに対して、「お返しをしなくてはならない」という感情が芽生えますが、その習性を利用する法則です。**

返報性の法則を調べる実験

返報性の法則は、社会心理学者のロバート・チャルディーニ博士が自分の著書で取り上げ、心理学者のデニス・リーガン博士が法則の実証実験を行いました。

デニス・リーガン博士が行った実験は、2人の他人同士の学生を被験者にするのですが、そのうちの一人は博士の助手であり、もう一人は普通の被験者となります。

助手の学生にドリンクを2本買ってきてもらい、そのうちの1本をもう一人の学生の被験者にプレゼントします。その後に助手がその学生に宝くじのチケットを買ってくれないかと頼むわけです。すると、ドリンクよりも宝くじのチケットのほうが金額は高いのに、その学生の被験者は宝くじのチケットを買ってしまいます。

学生の被験者を何度も代えて多くの実験をしたのですが、ドリンクをプレゼントせずに宝くじのチケットを買ってくれないかと頼むより、ドリンクをプレゼントしてから頼むほうが、買ってくれる割合がなんと2倍も増えたのです。


聖書の中にも「与えよ、さらば与えられん」という言葉がありますが、まさに聖書の時代からこの心理法則が使われているのは驚きです。

悪用される返報性の法則

いつの時代でも悪い人たちはいますが、心理術を利用する悪党もやはり存在します。今蔓延している「オレオレ詐欺」などもその代表例で、相手の思い込みを利用する心理術ですから、心理的抵抗が少ない老人の皆さんにいくら注意をしても犯罪件数が右肩上がりなのは、仕方のないことかもしれません。

返報性の法則も例外ではなく、よく犯罪に使われてしまう技術の一つです。

例えば、あなたがある人から借金をして、悩みを解決したとしましょう。後日、そのお金を貸してくれた人から「ちょっと頼みがあるのですが、この前困ったときにお金を貸したのだから、もちろん力を貸してくれますよね」と言われたら、あなたはどうしますか？　すぐに断りますか？

もちろんどんな依頼かによると思いますが、やはり断りにくいのではないでしょうか。いわゆる反社会勢力の人たちはこの手法をよく使います。だからこそよくお金をばらまくのです。

以前、逮捕された詐欺師集団で、その矢面の宣伝塔となって、ステージで歌を歌ったり、神主の真似事をしたりした人物がいたのを覚えていますでしょうか？　そのお金のばらまき方を見て、確実にこれは詐欺案件だと感じたのをハッキリと覚えています。

周りの信者とも呼ばれる人たちの盲信度合いは凄いものでした。この人物もお金を渡して、信用させ、恩を先に売り、その数倍のお金を投資させる手法をやっていたのです。まさに返法性の法則を地でいくような詐欺師でした。

相手の欲しい「恩」を先に売る

さて、ここまでで返法性の法則が強力なことを理解できたと思います。では実際にどのように活用をすればいいのでしょうか？

もちろん前述したように恩を先に与えればいいのですが、**相手にとっていらないものを与えても、ただのありがた迷惑となります。それだと恩義を感じてくれて何かあれば助けてくれるでしょう。与えるなら相手の欲しいものです。**

相手の欲しいものを調べる方法

相手の欲しいものを知る方法ですが、性悪説で有名な『荀子』の性悪篇にその答えがあります。「その子を知らざれば、その友を視よ」ということわざです。その人本人を見てもわからないことでも、その人の家族や友人を見ていれば、その人の状況がわかるようになる、という意味です。

当人に直接聞いても本音を探れないことがありますが、その人の周りにいる人間関係をしっかりと見れば相手の欲しいもの、または悩みを簡単に見つけることができます。

日本の警察も犯人を捜す際、友人知人、またはその家族から本人の話を聞きます。まさに相手の正体を知るには、周りから調べるということです。実に警察のしていることは理にかなっていています。

このようにして、相手の欲しいもの、悩んでいるものを探り、欲しいものや解決方法をこちらから先に与えれば、恩を先に売ることになるので、その数を多くしていけば、あなたが困ったときに誰かが必ず動いてくれることでしょう。

おばあちゃんの知恵は、どの世界でも通用する知恵であることは間違いなかったのです。

Mentalism 5

なぜあの人は自分の意見を通せるのか？

「マイノリティーインフルエンス」

パフォーマンスの感想にはお国柄が出る

私はメンタリズムのパフォーマンスを世界各地で行います。白人圏、中華圏、アジア圏など、それこそ人種によってその反応は様々です。メンタリズムを見た後の感想は人種によってバラバラであることはとても興味深いです。

例えば、日本人は「ええ、どうしてわかるの？」に対し、イギリス人の感想は必ず「素晴らしい！　うまいね！」です。中国人の多くは「面白い。その仕掛けが知りたい」ですし、アフリカの人なら「いつからその力があった？　君はシャーマンの家系なのか？」などと聞いてきたりします。

もちろん一様に驚いてはくれますが、やはりお国柄的な反応があるのは面白いです。

▶周りの意見に合わせることは本当に正しいのか？

外国にいるとよくわかるのですが、実に日本は周りの目や規則に合わせる民族であることがわかります。もちろんとても素晴らしいことであり、日本が世界に誇れる性格であると思います。ただ、ときと場合によっては、この性質が損をすることもあるのです。日本ではどうしても周りと協調をすることが求められます。これは学校教育からすでにたたき込まれてきたもので、この協調から外れたことをすると、その人は「悪者」と評価されてしまいます。

思い出していただきたいのですが、あなたの学生時代に、周りと強調することができず、浮いていた生徒はいませんでしたか？　そんな生徒は、よく先生に怒られていませんでしたか？　そう、いわゆる「マイノリティー（少数派）」は昔から日本では疎んじられてきたのです。では、このような少数派は本当に悪者なのでしょうか。

▶なぜ人は周りと同調をするのか？

まず先にお伝えしておきたいのですが、ここでのマイノリティーというのは、性的なマイノリティーのことではなく、意見の違いや、考え方の違いを表す意味でのマイノリティーを前提にお話しています。

では、同じ日本で教育を受けているにもかかわらず、意見の違いや思想の違いによるこうした少数派はなぜ存在するのでしょうか？

なぜ人は周りと協調や同調をするのか、その心理的要素を解説していきましょう。

ポーランド出身の心理学者ソロモン・アッシュ氏が１９５５年に発表した有名な実験があります。同じ長さの線を選ぶという簡単な問題を用意し、間違った答えを故意的に言う人たちの中で他の人は正解を答えるのか、という実験です。

幼稚園児でもわかる簡単な問題なので、１人で行えば間違いなく全問正解できるのですが、周りの人と自分の意見が違うといった状況では、なんと約36％の人が疑問を持ちながらも誤った回答に同調してしまったのです。

このように**同調してしまう理由は、間違うことへの「恐怖心」です。多数派と意見が違う場合には、よほど確信がないと「それは間違いです」とは言えないのです。**自信がないのに違う意見を言うよりも、多数派の意見に従ったほうが無難だと考えるのは仕方のないことです。

もう一つの理由として、周囲への配慮が考えられます。反対意見を言ったら「批判」することになるのではないかと、無意識のうちに遠慮してしまう人も多いのです。

特に、権力を持っている人や自分の上司などの意見を聞いた後に違う意見を言うのは、よほどの勇気が必要になるのではないでしょうか。こうした人は、いわゆる正しい答えをわかっていながら、わざと間違った答えを出すのです。

少数派でも自分の意見を言える人はどういう人なのか

ただし、そんな中でも少数派の意見を堂々と言える人が存在するのは確かです。では、それはどんな人なのでしょうか?

その前に、次の問題を考えてみてください。何に対して賛成なのかは自由に決めていただいて結構です。あなたの手掛けたい普段の生活の目標でもいいですし、新しく始めたい事業でも構いません。

・成功する確率が10%なら賛成
・成功する確率が30%なら賛成
・成功する確率が50%なら賛成
・成功する確率が70%なら賛成
・成功する確率が90%なら賛成
・失敗するなら最初から挑戦しない

面白いことに、個人が1人で答えるなら「70%以上なら賛成」と答える人が多いのですが、不思議なことに、集団で意見をまとめて答えた場合、確率が30%で賛成となることが非常に多くなります。

これはいわゆるリスクに対して鈍感になっていることの証明であり、意見を言う人間の数が多いということは、その分、意見を述べることに対する「責任」が薄くなるということです。

そう考えると、**少数意見を言える人は、リスクに対して非常に敏感であり、責任能力が高い人であると言えるのです。**

『12人の怒れる男』から学ぶ、自分の意見を貫き通すということ

アメリカで1957年に公開されたリメイク映画で、1954年制作のテレビドラマでもある『12人の怒れる男』。法廷ものの密室劇の金字塔と言われ、日本でも三谷幸喜氏が日本人の国民性になぞらえて、喜劇としてリメイクして『12人の優しい日本人』という映画にしました。

映画の内容は、12人の陪審員の中で1人だけが無罪を主張し、最初は有罪と考えていた他の陪審員が1人、2人と考えを変え、最後には満場一致の無罪との評決を出したというものです。

この映画はまさにマイノリティーの一貫した主張が、全員に影響（インフルエンス）を与えることができると証明された作品でもあります。

先ほどの実験で説明したように、ソロモン・アッシュ氏がサイエンス・アメリカ誌に「意見と社会的圧力」という論文を発表したのが1955年ということを考えると、タイミング的に見て、この映画はアッシュ氏の論文を参考にしているのではないのかと思うほどです。

一度映画をご覧になればわかりますが、**1人の意見が多数派の意見を動かすのは、実はそんなに難しいことではありません。多数派でも所詮は1人ひとりの人間の集まりにすぎません。要は1人ずつ切り崩していけばいいのです。**

日本の政治の世界はあまり表には見えませんが、実は少数派の意見が採用されることも多く、表面上では多数決によって決められるという印象はありますが、すでにその前段階でまさに「**マイノリティーインフルエンス**」が始まっているのです。

自分の意見を通す方法

もし、あなたがどうしても自分の意見を通したい場合、絶対にその意見を曲げないでください。もちろん最初は多数派の中で孤立はしてしまいますが、**多数派の意見が自分と違う場合は、必ずその場で、**

「念のため他の意見も聞いてみたいのですが」

というフレーズを言ってください。

こうした声を掛けることで、違った意見を言うことに遠慮していた人も話しやすくなります。「間違った答えを故意的に出す」という人は集団に必ず一人は存在します。「反対意見も聞いてみたい」「他の角度からも考えてみたい」など、負担のないように意見を言ってもらえる場をつくってあげると、よほどのことがない限り、必ずあなたと同じ意見を言う人はいます。

そうした人を1人、2人と増やしていく作業を続けると、少数派が多数派になり、あなたの望む結果にたどり着くのです。ポイントは意見を引き出すことによって、多数派を小分けにしていくことです。

自分の意見を通すことは意外と難しいことではないと気がつくでしょう。

このマイノリティーインフルエンスなどあらゆる心理術を使うとき、メンタリストは自分自身に絶対の「確信」を持った状態で相手に対して話しかけます。

すでにご存じのように、メンタリズムにはトリックが存在します。そのトリックのある状態で、あたかも「あなたの心の中を読んでいる」ように見せるわけですから、メンタリスト自身の心が揺れていたら、相手に見透かされてしまいます。

メンタリストは自分の望む展開に持ち込むために自分に「確信」を持って話す必要がある

のです。そうしないとパフォーマンスの質が下がってしまいます。

私の経験ですが、メンタリストがこの確信をもって話すとき、観客の中で斜めに構え、「こんなのはどうぜトリックだろう」と考えている人が、徐々にメンタリストの自信ある話し方や断言力で、不思議と途中から夢中になって、最後には「もしかして本当に心を読んでいるのかもしれない」と考えてしまうのを常に見てきました。そういう観客は、ありがたいことに必ずメンタリズムのファンになってくれるのです。

Mentalism 6

相手を自分の望むほうに誘導する「プライミング効果」

呼び水としての「プライミング効果」

さて、いきなりですが、メンタリズム的な問題を出します。考えてみてください。

男「ひさしぶりだね」
女「うん、そうだね」
男「2週間ぶりだね」
女「そうだね、2週間ぶりだね」
男「この前、結構飲んだね」
女「飲んだぁ」

男「あのときに食べたあのステーキさ、あれもうメチャクチャ美味しかったよね」
女「あっ、メッチャ美味しかった！」
男「肉汁がスゴクなかった？」
女「肉汁スゴイよね！」
男「口の中に含んだときのドロドロ感はたまらなかったね」
女「うーん、美味しかった」
男「美味しかった！　また食べに行けたらいいね」
女「うん、行こうよ！」

これは2017年5月にテレビ東京で放映された『えびチャンズー』という番組に出演させていただいた際に、女性を誘う「**プライミング効果**」についての解説VTRで放映したやり取りです。

いきなり読んでも普通の会話に聞こえますが、これが女性を誘いたい場合に使われていると知ると、確かにそう聞こえると感じるはずです。

プライミング効果は日本語でわかりやすくいうと「呼び水」です。昔からビジネスの世界でも、セールスをする前にあらかじめそれに関連した話をしておくことで、その商品に意識が向くというやり方が行なわれてきました。

私たちは広告に心理誘導されている

例えば花粉薬を売りたいとします。

企業は花粉薬を売りはじめる数カ月前から、いかに今年の花粉は凄いのか、そしてその企業が販売する花粉薬がいかに必要かというキャンペーンをはります。大企業であればテレビ番組で特集を組まれたり、雑誌で特集されたりします。

やがて花粉のシーズンが始まり、鼻や目がムズムズしだして薬局に行くと、数カ月前にキャンペーンを見ていた人の目には見覚えのある、あの花粉薬が飛び込んできます。そして実際にそれを購入してしまうのです。

「当たり前じゃないか。広告宣伝をしているのだから」とあなたは思うかもしれません。しかし、**薬局に行ったとき、あなたは〝無意識〟にどの花粉薬を選ぶでしょうか？　そう、あのキャンペーンで見たものを無意識に買うはずです。**

このように**事前に情報を与えるだけで、人間は意識の向き方が変わる傾向にあるのです。**

その証拠に、テレビや雑誌で宣伝をしていない花粉薬を買うでしょうか？　いえ、買わないですよね。企業が大金をはたいて宣伝費を使うのは、この人間心理をよく理解しているからなのです。

当たり前のようで、実は私たちは心理誘導をされていることに気がつかないものです。

プライミング効果は継続的に発信される情報媒体に適している

プライミング効果がいかに簡単に人間の心理を誘導できるのか、少し体感してみましょう。あまり深く考えずにすぐに答えてみてください。

「オセロは何色と何色を思い浮かべますか？」
「なんでもいいので、パッと思いつく動物の名前を言ってください」

この2つの質問自体は何も関連性はないはずですが、きっと動物の名前をパンダ、またはシマウマと答えた人が多かったのではないでしょうか。これはオセロの色を聞くことで事前情報を与え、動物の選定に影響を与えているからなのです。

この情報を与えることを「**プライム**」と言い、ここから「**プライミング効果**」という言葉ができたのです。

実はこのプライミング効果が最も向いているのはＳＮＳやメルマガなどです。情報発信をしている人であれば、プライミング効果の凄さを知ったほうがいいと思います。

ＳＮＳやメルマガは継続的に情報を発信する媒体なので、プライミング効果がいかんなく発揮できる場なのです。

あの広告にも使われていたプライミング効果

あえて言うと、現在の広告のほとんどには、必ずと言っていいほどプライミング効果が使われています。かなり有名なのが実はコカ・コーラの広告ですが、この話をすると、多くの方から驚きの声があがります。


では、どんなコマーシャルだったのか？

それは１９３１年に始まったアメリカのコカ・コーラのクリスマス広告です。

クリスマスといえばサンタクロースですよね、実は１９３１年より以前、サンタクロースに決まったイメージはなかったのです。小さな妖精だったり、可愛らしいおデブさんだったり、着ているルサンタ服も今のような赤に限らず、色々な色で統一性はありませんでした。

そこに、大きなカラダに真っ赤な衣装をまとい、白いあごひげをたくわえた陽気で楽しいサンタクロースが登場し、アメリカ中が飛びついたわけです。もうおわかりですよね。赤はまさにコカ・コーラ社のイメージカラーなのです。

この広告は、サンタのイメージを自社のイメージに結びつけただけでなく、「サンタクロース、コカ・コーラ、赤色、恋人、愛情、家族、幸せ」を連想の力で結びつけ、無意識にコーラを飲みたくなるように仕向けているのです。

プライミング効果を調べる実験

このプライミング効果について「東京都市大学の大学生30名」を対象に行われた実験の論文が発表されています。

実験は次のように行われました。

❶「オタクという単語を連想させる要素を持つ文章」と「持たない文章」計2パターン

を、ある大学生の1日というテーマで作成する。（オタクという単語にはコミュニケーション能力が低いなどのイメージがあるとする）

❷被験者である30名の大学生を15名ずつに2分割する

❸一方のグループにはオタクという単語を連想させる要素を持つ文章を、もう片方には持たない文章を読ませる。

❹両グループの文章内に登場する大学生に対する印象の違いを調べる。

するとどんな結果が導き出されたのでしょうか？

「オタクを連想させる文章」を読んだグループでは、文章内に登場する人物に対して、「コミュニケーション能力が低い」などのマイナスなイメージを持ったのだそうです。

一方、「オタクを連想させる言葉がない文章」を読んだグループは、登場人物に対して、特にマイナスなイメージは持たなかったのです。

この実験から、**プライミング効果によって「人の考えや印象が知らない間に誘導されてしまった」という結果が導かれたと言えるでしょう。**

少し考えればわかりますが、人の1日の生活を「読んだ」からって、コミュニケーション能力が高いか低いかなんてわかるわけがないのです。にもかかわらず、オタクという単語を連想させる要素を含む文章内に登場する大学生は「コミュニケーション能力が低いと判断された」わけです。

プライミング効果はとても強力で危険なもの

このようにプライベートやビジネスでも、私たちが何か印象を誘導したいとき、または自分の望む方向に人を導きたいときは、大いにプライミング効果を使うべきです。しかし、**一歩間違えると、相手を洗脳し、悪用することになります。本当に諸刃の剣のような心理術だということをしっかりと意識してください。**

最後にこんな怖い話をひとつ。
あなたは痴漢に間違えられ、裁判にかけられました。冤罪であることは自分ではわかっています。検察官がこんな質問をしてきました。

「あなたは触っていないと言いました。いや、それは本当かもしれません。でも、あなたも男です。可憐な女性を見て、可愛いと思うことはもちろん男としてありますよね」
「もちろんそれは男としてはありますが、私は絶対に触っていません」

実はこの段階で、あなたは陪審員や裁判官から「やはりそんな目でこの女性を見ていたのね」と印象づけられます。これがプライミングの怖いところです。多くの冤罪もプライミング効果によって生み出された可能性が否定できません。

言葉を呼び水として仕掛ける心理術

こうした言葉を「呼び水」として使うテクニックはステージでもよく使います。

「サイコメトリー」というパフォーマンスです。4枚の封筒を4人の観客にそれぞれ渡します。封筒を渡された観客はそれぞれ自分の持ちものを封筒に入れます。その後よく混ぜた4枚の封筒を、メンタリストが中身を見ずに「誰のものが、どの封筒に入っているのか」を当てるというものです。

そして、誰の何がどの封筒に入っているかを先に宣言した上で、封筒の中身を開けてその

中のものを観客に渡しながら、

「この品物の方は○○な性格で、今まであまり男運に恵まれませんでしたね。しかし、近い将来いいご縁に恵まれますので、ご安心ください」

と話しかけるのです。そして、

「はい、間違いないですよね」

という言葉をかけます。もちろんここで自分の品物を返されているので、観客は「はい、間違いないです」と言います。

このとき、**他の観客からすると、「間違いないですよね」という言葉で、今までの性格や男運が悪いことまで言い当てたという印象が残るわけです。**これも呼び水の一種です。このようにメンタリストは細かいプライミングをかけているのです。

Lecture 4

相手ともっとうまくいく！
対人コミュニケーションの
最強の心理術

Mentalism 1

相手に心を開いてほしいなら「自己開示法」

自分のことを話すと、本当に相手も心を開くのか

メンタリズムを学ぶ際にもよく耳にする言葉に次のようなものがあります。

「相手の心を開いて欲しければ、まずは自分の話から始めましょう、そうすれば、相手は心を開いてくれて、自分自身のことを話してくれるようになります」

あなたもこのような自己開示をしようということを、一度は聞いたことがあるはずです。もちろん自己開示は必要で、自分のことを明かさなければ、相手も自分のことを明かさないでしょう。

しかし、待ってください。実はなかには「あなたの話はどうでもいい」という人も存在します。そんな人に自己開示をしてみてください。すぐに「この人、自分の話ばかりでつまらない」という烙印を押されてしまうことは間違いないですね。

一般的に言われるこの自己開示法も、実は弱点があり、自己開示をする相手の性格や気質をよく理解しておく必要があるのです。

相手に合わせて自己開示をする

だからと言って一般的な自己開示の必要がないかというと、そうではありません。**自己開示法をしっかり学んだ上で、相手に「合わせた」自己開示法をする必要があるということです。なんでも自己開示をすればいい、ということではないのです。**

例えば、アメリカや日本の刑務所でもそうですが、最も嫌われる犯罪は女性に対しての性的暴行、または幼児に対する虐待です。例えばそんな罪を犯した人間が刑務所の中で自己開示し、自分の罪状を開示すれば、すぐにいじめなどの洗礼を受けることになります。これでもわかるように、相手に合わせた開示が重要だということです。

では、ここではまず一般的な自己開示についてお話をしていきましょう。

自己開示している人ほど魅力的に映る

イリノイ大学のルース・クラーク氏が、自由な会話を8分間してもらった後で、相手の魅力を尋ねる実験を行ったところ、**自己開示している人ほど魅力的だと評価される**ことがわかりました。

相手に自己開示する情報は、基本プライベートなことであれば問題はないでしょう。生まれはどこかなどの出身地でも構いません。「私は神戸の出身です」と言うと、相手も「私も神戸です、えっ、学校はどこですか？」という流れにもなるかもしれません。出身校などを自己開示するのも問題はないでしょう。「えっ、どこの学部ですか」「担任の先生は誰ですか？」などと会話が広がっていくことでしょう。

もちろんこのように展開すれば話は早いのですが、前述したように、「あなたの話なんて聞きたくない」という人もいることを忘れてはなりません。ではそのようなタイプの人に対して、どのように対処すればいいのでしょうか。

自分の話をしたい人、都合の悪いことは聞きたくない人

「あなたの話を聞きたくない人」に限らず、**人の話を聞くというのは、実は思った以上に難しいのです。つまりあなたの話を相手に「聞こう」と思わせないとダメなのです。**

ところであなたは伴侶や恋人の話すことをすべて聞いていますか？　聞いているふりをして、適当にうなずいたりはしていないでしょうか？　多かれ少なかれ、そのような状況になったことがあるはずです。

長年一緒にいる伴侶や恋人でもこのような状態になってしまうのに、あなたのことがよくわからない「あなたの話を聞きたくない人」にとっては、なおさら聞きたくないでしょう。

では、なぜそういう人は「あなたの話」を聞きたくないのでしょうか？　あなたが悪いのでしょうか？　いえ、実は答えは単純明快です。**正解はズバリ、「自分の話がしたい」のです。**

こういうタイプは、頃合いをみて話してもらおうと思っても、その人は自分の話だけをしたい心理状態なので、気のない返事をします。また、あなたの話に「へぇ、そうなの」と同意しても、すぐに自分の話に強引に持っていこうとします。

そしてもう一つが**「都合の悪いこと」は聞きたくない**というパターンです。

人の言うことを聞けない人の心理には「聞きたくない」といった気持ちが隠れています。それまで普通に会話を楽しんでいたのに、自分にとって都合の悪い話になると、急に話を聞かなくなる人も多いのです。

こういう人たちの際立つ特徴として次のようなものがあります。これらを覚えてもらえれば心の準備ができます。

- 集中力が散漫である
- ナルシストである
- プライドが高い

このような人物に出会った場合、十中八九、あなたの話は聞きません。このような人物に果たして、こちらの話を聞いてもらうことは可能でしょうか？

結論から話す、相手に自己開示してもらう

人の話を聞かない人には結論を最初に話すのが有効です。つまり端的に話すということ。結論から話せば、その結論に関する情報に耳を傾けてくれるようになります。

ただし、人の話が全く聞けない性格の人もときにはいますので、注意してください。注意力が散漫になりやすいので、人の話をじっと黙って聞くのが難しいのでしょう。

このような、どうしても**「あなたの話を聞かない人」に自己開示をしようとしても難しいです。そういう場合は相手に「自己開示」をさせてあげるのです。**

相手に質問をしていけば、相手は勝手に「自己開示」してくれます。このとき、あなたは自分の自己開示をする必要はありません。もちろん聞かれれば答えればいいのですが、それも端的に、長ったらしくなく、ストレートに結論だけ話します。気をつかう必要はありません。相手は「自分のことだけ」を話したいのですから。

私もステージで結論から話すことがあります。相手に自分の自己開示をするために結論を先に言うのとは趣旨が異なりますがお話しておきましょう。この場合は演出を盛り上げるためのテクニックです。

例えば、「では、今からあなたが何を考えるのかを読み取りますが、先にこの紙に書いておきます」と言い、紙にあることを書いてから、テーブルの上に伏せておくのですが、その答え合わせをすると、その紙には「あなたのポケットの中」という文字が書かれているのです。

そしてその観客がポケットの中を探ると、いつの間にか封筒が入っており、中を開けると、紙にはその観客の考えていた答えが「すでに」書かれてあるのです。

このように「結論」から話すことで、どんでん返しの演出をする、いわゆる「サカートリック」というものをよくメンタリストは使っているのです。

Mentalism 2

小さな「気配り」が奇跡を起こす「親切理論」

自分のための親切か、それとも純粋な親切か

世の中には親切な人が色々います。次のような話を聞いて、あなたはどう思うでしょうか？

メキシコにクリストという人物がいました。彼は多くの財を築き、メキシコの貧困地区に学校や病院を立てて、実に多くの雇用を生み出し、貧困地域の人たちが手に職をつけられるように教育環境をつくり、多くの自立支援をしていました。地元でもかなり慕われ、メキシコのキリストとも呼ばれるようになりました。

もう一つはフィリピンのパッキャオという著名なプロボクサーの話です。彼のファイ

トマネーは数十億とも言われ、プロボクサーの中でも最高峰にいる成功した人物です。彼はファイトマネーを使って貧困層のために家を建て、屋根のある生活を提供しています。そして彼の事務所には、毎日食べるためのお金を恵んでもらうために並んでいるホームレスや貧困な人がいつもいるそうです。

さて、なぜこの2つの話をしたのか、わかった人はいますか?

実は最初の話に出てくるクリストはメキシコの麻薬カルテルのボスで、お金を貧困層に使い、教育させることで、職に就かせてお金を稼いできてもらい、そのお金で麻薬を買ってもらう、という流れをつくりたかったのです。

2つ目のパッキャオは、本心でフィリピンの貧困問題を解決したいため、ボクサーとして戦い続けています。パッキャオの友人から聞いた話ですが、「この国に貧困がある限り、私は戦い続ける必要がある」と話していたそうです。

もう何が言いたいのか、おわかりですね。クリストは「自分のための親切」、そしてパッキャオは「純粋な親切」です。

このように一見、親切に見えるようなことでも、その裏を見ると、その親切の本質が見えてくるのです。本当の意味で**相手に心からこちらのことを理解して信頼してもらうためには、「純粋な親切」をする必要があるのです。**

さらに、**この純粋の親切は、「気配り」ができる人でないと達成することはできません。大きな親切は、小さな「気配り」の積み重ねで成り立っているのです。**

メンタリストは目の前の人物を観察することも大切ですが、その際には常に気を配ることが大切です。

「気配りできない人」から気配りを考える

では、今一度、気配りというのは一体どのようなものなのか？　このことをしっかりと理解しておきましょう。

気配りを知るには、これは気配りができる人間のことよりも、気配りができない人間のお話をするほうが早いかもしれません。気配りができない人間は次の通りです。

人とのコミュニケーションが苦手

コミュニケーションが苦手な人は、人と話すことに緊張感を覚え、本来の自分を出せない状態です。その結果、気配りができません。

他人にあまり興味がない

人への無関心さが際立っている状態。そもそも気配りをする気がない、というのが気配りのできない心理状態の一つでもあります。

与えられるのが当然だと思っている

家庭で甘やかされて育った人に多いのがこのパターンです。自分が尽くされる側であると意識的または無意識的に考えていて、他の人に気配りをするという意識が回らない状態です。

いかがでしょうか？　もしあなたに当てはまるのであれば、悪いことは言いません。すぐに改善をすることをオススメします。

なぜなら、**気配りができる人間は、総じて評価が高くなり、信用が上がり、人格が高いと評されるようになるからです。**

気配りを身につける方法

では、どのように改善をするべきでしょうか？　実は次の3つの点に注意を向けると、あなたの気配りのグレードは高くなります。

空気の読み方を覚える

まずは周りの人の動向に関心を向ける必要があります。**相手が何を望んでいるのかを見つけだすコツは、その人の「表情」です。**相手の表情の変化を見逃さず、相手が言葉にする前に行動できるようになれば、自然と気配りができるようになります。

周囲の人の様子を観察する

気配りをするためには、その人が今、何を望んでいるかを把握できるようにならなければなりません。**人が何を望んでいるのかを把握するために必要なのは「観察」です。**気配りというのは、人がして欲しいと思うことを、して欲しいと思うタイミングですることです。そのためには常に観察をする必要があります。

気配りの押し売りをしない

気配りの意識が強すぎると、相手の気持ちを無視して、独善的なおせっかいを焼いてしまいます。相手の性格、行動傾向を考えた上で、余計なおせっかいをしないように注意してください。

今まで述べてきたことは当たり前のことかもしれませんが、実は意識して考えたことのある人は意外と少ないと思います。

結局私たちが目指す**「純粋な親切」は、気配りという小さな積み重ねでしかつくることができません。その積み重ねをしていくうちに、私たちの信用度は高くなり、人格が変わっていくのです。**

「気配り」と「気遣い」の違い

最後に気をつけていただきたいことがあります。それはよく混同される「気配り」と「気遣い」の違いについてです。

「気配り」というのは、相手に気を配られているのだということさえも気づかせない、思いやりです。

「気遣い」というのは、相手にも気を遣わせてしまう、ただの自己満足です。**この違いをしっかり意識して、ぜひ純粋な親切の領域まで到達してください。きっとあなたの人生そのものが変わると確信します。**

この気配りはメンタリズムのステージにおいてもとても大事で、第1講で説明した「場の支配力」とも深い関連性があります。その場を支配するということは、つまりその場の「気」がどのように動いているのか、その「配置」を的確にとらえることです。

ステージでは観客が今どこに注目をしているのか、どのような行動をしようとしているのかを読み取ることがとても大切になります。場の支配力にこの気配りがなくては、メンタリズムの高みへの到達の実現は難しくなるのです。

Mentalism 3

相手を安心させてから本心をあぶりだす
「イーブン・ア・ペニー・テクニック」

相手の欲求を見つける達人

本物のメンタリストにかかると、相手にものを買ってもらうことは造作のないことです。なぜなら、メンタリストは相手の「欲求」を見つけるのがうまいからです。同じように実演販売のプロも相手の欲求を見つけるのがとても上手です。

あなたは今スーパーにいるとしましょう。進んでいくと、何やら特売会のようなテーブルがあり、店員が実演販売を行う場所であるのがわかります。そこを通りすぎようとしたとき、

「そこのあなた、ぜひこの商品の凄さを見ていってください」

と呼びかけられたとします。
興味がなければ、あなたはきっと「いえ、時間がないので、いいです」と断るかもしれません。しかし、そんな回答に店員は素早くこう返します。

「いえ、1分だけでいいので、見ていってください」

そして10分後、あなたはその商品が欲しくなり、お金を支払ってその場を去ります。
実はこれ、日常的によくある風景で、実際に実演販売を見てしまうと、最初は買うつもりがなくても、実に3割の人が購入してしまうというデータもあるのです。

ハードルの低いお願いから始める

では、一体なぜ買ってしまったのでしょうか？　プレゼンがよかったから？　それとも商品がよかったから？　いいえ、違います。

あなたがわざわざ実演を見るために「足を止めた」からです。足を止めて実演を見なければ買うこともなかったのです。

その始まりは？　そう、時間がないと言ったのにもかかわらず「1分でいいですから」という言葉を信じてしまったからなのです。

この「少しだけでいいですから」とハードルの低いお願いをして、相手に承諾してもらうテクニックのことを「イーブン・ア・ペニー・テクニック」と言います。

語源は「1ペニーだけ」という意味で、「少額だけでもいいので寄付してください」というように、ちょっとしたお願いをして相手に承諾してもらう手法であることから、この名前がついています。

なぜこのテクニックは効果的なのか。それは**相手の心理的な負担を下げることができる**からです。

「いいえ、そんな手に引っかからない」と思っているそこのあなた、「○○くん、ちょっと1時間ほど残業してくれないかな」と上司に言われたことはないですか？「どうぞどうぞ、試食ですからぜひ食べてください」と言われ、立ち止まって試食をしながら商品説明をされ、その商品を買ったことはありませんか？
あれもこれもイーブン・ア・ペニー・テクニックです。意外と色々な場面で使われているのです。

イーブン・ア・ペニー・テクニックで本心をあぶりだす方法

イーブン・ア・ペニー・テクニックはよく知られているので、知っている人も多いと思いますが、**実は実践的な心理術として活用する方法を知っている人は少ないはずです。その使い方とは、相手の本心をあぶりだすこと、そう、相手の本音を探るために使えるのです。**

ところであなたは海外ドラマ『刑事コロンボ』をご覧になったことはあるでしょうか？もしないのであれば、三谷幸喜氏が刑事コロンボを日本風に脚色した『古畑任三郎』を思い出してもらえればわかりやすいのですが、古畑任三郎には犯人の本音を引き出すシーンがドラマの随所に散りばめられています。

「すみません。時間はとらせません、すぐに済みますので」と迫る古畑。すべての質問を終え「ありがとうございました！　では私はこれで帰りますね」と帰りかけ、犯人が安心したところで、「あぁ～、もう1つだけ聞き忘れたことがありました、なぜあなたはあのときこう言ったのですか？　それがどうもおかしいのです……」と犯人の痛いところを突くわけです。

安心したところにいきなり質問されるわけですから、犯人もたまったものではありません。動揺する犯人に対し、古畑任三郎はさらに確信を得るわけです。このやりとり、どこかイーブン・ア・ペニー・テクニックに似ていませんか？

そう、この本音をあぶりだす方法はまさにこの心理術を使っているのです。

まずは相手が用意しているであろう質問を答えさせ、心理的に安心させてハードルを下げさせ、油断したところに答えに窮する質問を投げかける。その反応を見れば、犯人かどうか一目瞭然です。

古畑任三郎の元ネタになっている刑事コロンボもまさにこのやり方で犯人を追い詰め、テレビを見る人たちに犯人を追い詰める痛快さと緊迫の楽しさを与えてきました。「え～、うちのカミさんがね……」から始まるコロンボの有名なシーンをぜひ一度は観てくださいね。

なぜ、安心すると人の心のほころびは解けるのか？

人間の欲求を5段階のピラミッドで説明したアメリカの心理学者マズロー氏の「**欲求階層説**」では、**安心感**について解説されています。

マズローの欲求階層説とは、人間の欲求は5段階のピラミッドのように構成されていて、低階層の欲求が満たされると、より高次の階層の欲求を欲する、とされる有名な理論です。

- 第1階層「**生理的欲求**」……生きていくための基本的・本能的な欲求
- 第2階層「**安全欲求**」…………危機を回避し、安全・安心な暮らしを求める欲求
- 第3階層「**社会的欲求**」………集団に属し、仲間を求める欲求
- 第4階層「**承認欲求**」…………他者から認められたい、尊敬されたいという欲求
- 第5階層「**自己実現欲求**」……自分の能力を引きだし、目標を達成したい欲求

このように人間には本能や欲求があり、その中でも原始的な欲求として第2階層に「安心」（安全）があります。つまり、**ほとんどの人間は安心感が欲しいのです。その安心感を得る**

ためであれば、論理的でない行動でも起こしてしまいます。

例えば、罪を犯した人が、隠れていればいいのに、なぜか外に出歩いたり、わざと捕まるようなことをしたりします。これも警察の追及から逃げるよりも、捕まって安心したいという心理状態から来ているのです。

前述の古畑任三郎が犯人の**「安心」した瞬間に、答えに窮する質問を投げかけるのは、その安心した心理状態では、人は基本的に「嘘がつけなくなる」からなのです。**なぜなら安心をしている状態ですから、嘘をつきたくても「嘘がつけない」心理状態になっているのです。まさに古畑任三郎も刑事コロンボも、このことをよく理解できていたわけです（正確にはドラマの脚本家ですが）。

メンタリズムでも効果的に使われている

この法則はメンタリズムを使う場面でもよくあることです。

観客に両手のどちらかにコインを隠してもらい、両手を体の前に出してもらいます。もちろん観客にはメンタリストが色々質問を投げかけますが、答えは教えないようにしてもらいます。にもかかわらず、ほぼ8割の確実で、メンタリストはどちらの手にコインを隠しているのかを当てるのです。

実はこれはトリックでもなんでもなく、前述のように、いくつか質問をし、もうこれで質問を終えたと思わせ、安心したところで、

「本当はどっちに入っていますか？」

と唐突に聞きます。すると、突然聞かれたところで驚き、なんとか観客はごまかしますが、メンタリストは**すぐにその観客の「鼻の向けている先」を観察するのです。**

すると8割がた、目線ではなく、鼻の向く先の手にコインを隠しているのです。実際に試してみるとわかりますが、この唐突に聞くタイミングがうまくはまると、面白いほど当てることができるようになります。

もし、あなたが今後、人の本心、そして本音を知りたいのであれば、ご紹介した心理術を

使ってみてください。

まずは安心をさせる、安心したところに本音を吐きださせる質問をする。この順番さえ間違わなければ、相手の本心を引きだすことは難しくないということがご理解いただけるでしょう。

Mentalism 4

別れ際であなたを忘れられなくする
「親近効果、ボディタッチ」

人間は最後に見たものが最も印象に残る

私のステージでは必ずある法則があります。それは「最初に仕掛けた演目」を「最後に回収する」というものです。

例えば最初に登場した瞬間、挨拶もせず、私はある封筒を適当に選んだ観客に渡します。そしておもむろに「この中で私に千円を貸して頂ける方はいますか？」と聞きます。

借りたお札をすり替えができないようにお札に名前を書いてもらい、封筒を渡した観客に渡して、そのまま「この封筒とお札は誰にも触られないように、しっかりと最後まで持っておいてください」と言って持っておいてもらいます。

そしてステージはそのまま1時間ほど進行し、多くの観客がその封筒とお札を忘れたであ

ろうステージの最後に、

「おっと、忘れるところでした。封筒をあずかっていただきましたね」

と言い、ずっと持ってもらっていた封筒を開けてもらいます。

そして中にある数字が羅列してある番号を読み上げてもらい、それが預かったお札のシリアル番号と一致しているということを、この最後の段階で確認するのです。

観客の多くが忘れかけていた最初に行われた出来事を、最後にまた皆に思い出させることで、驚きは2倍にも3倍にもなるのです。

この効果は私は弟子にもよく話していて、「最初の演目は最後に回収しろ」と口を酸っぱくして言っています。

この項目は伏線回収とまではいきませんが、最後に見たものが最も印象に残るという心理術を紹介したいと思います。

最後の印象でつながりを強化する「親近効果」

あなたは映画『ロッキー』を見たことはあるでしょうか？　1976年に公開されたこの映画は人気を博し、主演で脚本も務めたシルベスター・スタローン氏は一気にスターの道を昇りました。

ところで、この『ロッキー』という映画、もしご覧になったことがあるなら、どのシーンが一番記憶にあるのかを思い出していただきたいのです。きっと多くの人はトレーニングシーンと試合が終わったときに、リングの上から恋人の名前を叫ぶシーンを思い浮かべると思います。

このようにストーリーで「盛り上がる」シーンと、「ラスト」のシーンは必ずと言っていいほど覚えているものです。特に最後のシーンでその映画の評価が決まります。これを心理学用語で「**ピーク・エンド**」と言います。

このピーク・エンドを人間関係に使用する場合があります、それを「**親近効果**」と呼び、人とのつながりを強化していくためには、とても重要なものです。

「親近効果」とは、最後に示された出来事が記憶に残りやすく、のちの判断に大きな影響を与えるという心理効果のことです。

親近効果を調べる実験

これはアメリカの心理学者のノーマン・アンダーソン氏が、1976年に行った実験で初めて提唱したものです。

実験は次のように行われました。

実際に起こった事件を題材にして模擬裁判を行い、証言の与え方で、陪審員の判断がどう変わるのかを実験しました。証言は弁護側、検事側ともに6つ用意します。そして2つのパターンで裁判を行いました。

❶一方の証言を2つ出し、次にもう一方の証言を2つ出す。これを繰り返すやり方で裁判を行う

❷一方の証言を6つ出してから、もう一方の証言を6つ出す。このやり方で裁判を行う

実験結果は「1」「2」のどちらのパターンでも、陪審員は最後の証言のほうに有利

な結論を出しました。

つまり、**人はたくさんの情報を与えられた場合、最後に得た情報に影響されやすいということです。人間関係で「親近効果」を使う場合、最後の別れ際が、最も重要であるということになります。**

私たちは普段、人との別れ際をほとんど意識をしていないのではないでしょうか。もし意識していないのであれば、それは非常にもったいないと言わざるを得ません。

親近効果をさらに高める方法

実はこの親近効果を数倍にも高める方法があるのです。

それが「**ボディタッチ**」、心理学用語で「**タッチング**」と言います。

ボディタッチの効果は、「距離感を詰める」ことであると言えます。しかし、日本ではあまりそのような習慣はありません。だからこそあなたが行うことで、アドバンテージを得ることができるのです。

ちなみに、ここではわかりやすくボディタッチという言葉を使いましたが、この言葉は男女間に使われることが多いので、あえてタッチングという言葉を使いたいと思います。

このタッチングですが、実はほとんどの看護師が、経験年数にかかわらず自然に患者にタッチングをしており、効果的であると認識しています。看護師にとって患者への安心と安楽を提供するための非言語コミュニケーションと言えます。

その効果は痛みや不安を軽減したり、患者が心の中に思っていることを表現しやすくなる一面もある、という立派な看護技術でもあるのです。

親近効果とは前述の通り、最後に示された特性が記憶に残りやすく、のちの判断に大きな影響を与えるという心理効果ですが、**相手との別れ際にこのタッチングをするのです。そうすると親近効果はさらに高まります。**

看護師が日頃から行っているタッチング

ちなみに、タッチングはただ触れればいいというものではありません。看護師がどんなことを行うのか、ここでは親近効果と親和性の高い方法だけを説明をしておきたいと思います。

手を当てる

患者が痛みや違和感を感じる部分へ手を当てるのは、タッチングの中でも基本的な技術です。患部を軽く包むようなイメージで優しく手を当てます。大事なのは手の平には適度な「温度」と「湿度」があり、手を当てた場所がじんわりと温まる感覚が重要です。もし手が冷たい場合は、温めてから手を当てることが大切です。

軽くたたく

一定のリズムで体を軽くたたき刺激を与えます。たたくタッチングは「注意喚起」の意味や、一定のリズムで優しくたたくことで神経を落ち着かせる効果もあります。

圧迫する

動きが緩やかで刺激が少ないため、寝たきりの患者などに施されることが多い方法です。継続的に手を当てることにもなり、痛みや違和感、不安の解消などの効果があります。

看護師が行うこのタッチングは、まさに親近効果を数倍に上げるための方法です。もちろん他のタッチング方法もありますが、**この3つは最後の印象づけにかなりの効果を発揮します。**

親近効果をぐんと高める、タッチングのやり方

では、日常においてどのように親近効果を活かすタッチングをすればいいでしょうか？

例えば別れ際の場面がやってきたとします。


あなたはすぐに右手で握手をして、すぐに自分の左手を相手の手の甲にそえます。ここで**軽く両手で相手の手を「圧迫」します**。すぐに手を離さずに、じっくり自分の思いを伝えるつもりで圧迫しましょう。

次に左手で（右手は握手したまま）**相手の右肩側部を軽く何度かたたきます。**

もちろんこの間**「お会いできてよかった」などと思いを伝える**ことを忘れないでください。


このようにするだけで、相手の最後の印象は「この人は不安を取り去ってくれる人で、リ

ラックスでき信頼できる人」と印象づけることができます。

ここで重要なのは握手だけではなく、肩の側面をしっかり軽くたたくことです。たかが握手、されど握手です。あなたに対する印象はじわじわと効いてきます（よくなる）ので、ぜひご活用ください。

この心理術はメンタリズムのステージでもかなり使っている方法で、ステージに上がってくる観客、そして席に戻る観客にも必ず握手をしています。

日本ではあまり見かけない光景ですが、海外ではメンタリストは「必ず」と言っていいほど行っています。それだけで、観客に与える印象が全く違うのです。

Lecture 5

どんな場面でも役立つ！
仕事で使える最強の心理術

Mentalism 1

高いものを売るなら安いものに注目

「対比効果」

比べたときに実際よりも差を感じることがある

メンタリズムではよく相手の「感覚」を誘導することがあります。それはトリックではなく、完全に人間の心理的性質を利用しています。

「**対比効果**」とは、「知覚のコントラスト」「コントラストの原理」ともいう心理学の知識のことで、**2つ以上の物事を比べたときに差があると、実際の差より大きな差として感じられるという心理的な現象です。これを「コントラスト効果」とも言います。**これは、物理的なものだけでなく、文章や言葉、また抽象的な概念に対しても効果があります。

対比効果についてわかりやすい例を挙げると、例えばあなたが10キロのダンベルを持ったとします。とても重く感じると思います。そしてその後、5キロのダンベルを持ったとしましょう。もちろん重たくは感じますが、少しは余裕に感じるはずです。

次に、1キロのダンベルを持ちます。とても軽く感じると思います。その次に5キロのダンベルを持ったとき、最初の10キロのダンベルを持った後より、重く感じられるのです。重さ自体は変わっていないはずなのに、あなたが受け取る感覚の違いでそうなります。これが対比効果です。

対比効果を調べる実験

この対比効果に関するもので、1964年、アメリカの心理学者ハリー・ヘルソン氏の「重さの知覚判断に関する係留効果の実験」が発表されました。

90gもしくは900gの重さのものを持った後に、200g、250g、300g、350g、400gの重さを持ち、それぞれ「とてもとても重い」から「とてもとても軽い」までの9段階で判断してもらうという実験です（これを「**係留刺激**」と呼びます）。

結果として、係留刺激が90ｇのときは係留刺激がないときと比較して重いと判断される傾向にあり、係留刺激が９００ｇのときは係留刺激がないときと比較して軽いと判断される傾向にあったのです。

この実験において、係留刺激に対する判断は、高係留条件では低い方に、低係留条件では高い方に変化する、ということがわかりました。つまり、係留刺激から遠ざかる方向への判断の移行として係留効果が現れたと示唆できました。**これはいわゆる対比効果としての係留効果です。**

対比効果をビジネスで使うと

これをビジネスに置き換えてみましょう。ビジネスで使われる対比効果は、主なものとして「価格」に対して使われます。

1万円のものを見た後に、千円のものを見たら、安く見えますよね。テレビ通販をご覧になったことがあるのなら、すでにお気づきかもしれませんが、商品の価格がいよいよ表示された、しかし「あれ？　意外と高いなぁ」と思っていたところに、

「なんと今回はもう1つセットをおつけして、同じ価格で2カ月分のご提供、そしてさらに〜」

というフレーズとともに、

「なんと今回限り半額の〜」

とたたみかけてきます。

先ほど「少し高いかな」という思いを抱きましたが、それはつまり「安ければ買える」という潜在意識が働いているということです。つまり、その後に実際に安くなることによって、人は購買に向けて意識が働き、実際に買うという行動を起こすのです。

この効果に似たものとして、「**松竹梅効果**」というものがあります。**松竹梅効果とは、差のある3つのものを並べると、中くらいのものがよく選ばれるという心理学の理論です。**

その選ばれる比率は高価格帯：中価格帯：低価格帯＝2：5：3の割合になります。

松竹梅効果はどちらかと言えば、買わせたい価格帯を狙うときに使うテクニックです。
一方、対比効果は「差」を感じさせることで、どの価格帯でも実際より安く感じさせたいときに使用するテクニックです。
100万円から見れば10万円は安く感じることができますし、10億円なら1000万円が安く感じるわけです。

価格を判断する基準となる「アンカリング効果」

ちなみに「**アンカリング効果**」というよく似た心理術がありますが、アンカリング効果とは、先に提示された数字がのちに見せられたものの評価に影響を及ぼすという効果のことです。

これもいわば千円の値札を見た後に1万円の値札を見ると高く感じるというものですが、アンカリングは「錨《いかり》」のことで、その名の通りあるポイントを起点にしてそこからブレないことを意味しています。

アンカリング効果は起点が動かないのに対し、対比効果は常に変動的で、重要なのはいかにその「差」を感じさせるかです。

そう考えると、私たちが価格に対して高いのか、それとも安いのか、何を基準にして判断しているのかがわかります。

それは、あなたがもらっているお給料です。毎月の給料があなたのアンカリングとなり、価格の高い安いが決まる、ということが言えるかもしれません。

価格の設定は「対比効果」で行う

世の中にはアンカリング効果で価格設定をしなさいと教えている心理専門家もいるようですが、それは間違いです。

価格の設定は必ず「対比効果」で設定しないと、ものは売れません。特に高額商品の場合は、なおさらアンカリング効果を使うべきではないのです。

なぜなら多くの人にとって毎月の給料は20～50万円代が普通で、アンカリング効果を使うのなら、自然と毎月の給料に合わせなくてはならないという事態になります。すると、高額な商品は売れない、という結果になってしまうのです。

普通の給料で、アンカリング効果を使っても１０００万円のものは売れませんが、対比効

果なら、1000万円のものは売れるのです。

高いものを売りたいなら、この流れでいけ

例えばあなたが高額商品を売りたい場合、どのような手順を踏めば、売れるようになるでしょうか？

実は難しいことは一切しません。お客様の心の中に「対比効果」を生み出すようにすればいいのです。

今までさんざん価格について解説してきましたが、**超心理術で使う対比効果は価格の高低ではありません。相手の心の中で「生み出す」のです。**

それでは次の質問に答えてみてください。

【問い】あなたはあるものを買おうとしています。その価格は100万円です。あなたはどちらで買いますか？

①CMに出てくる企業で、社会的に信用がある会社

②無名で、あまり聞かない会社

さて、あなたならどっちの会社を選びますか？　もちろん「1」を選ぶ人がほとんどではないでしょうか？　当たり前ですよね、CMでもやっているし、信用があるわけですから、よほどの変人でもない限り、「2」を選ぶ人はいないでしょう。

しかし、次のような条件になったらどうでしょうか？

❶CMに出てくる企業で、社会的に信用がある会社だが、直接会社に足を運んだことはなく、テレビのイメージしか知らない

❷無名で、初めて聞く会社名だったが、以前1万円の商品を試しに買ってみたら、品質からサービス、アフターフォローまで完璧で、価格以上の価値を感じた

さて、**ほぼ会社の状況は変わっていないのに、先ほどの答えと違って、今度は2を選んだはずです。なぜでしょうか？　実はここであなたの「心の中で対比効果」が起きているのです。**

高額商品を売りたいなら低価格商品に力を入れる

さて、どのような心の変調があったのでしょうか。よく想像してみてください。実はこの時点で1万円の商品を、どこよりも非常に安く販売してくれる会社という認識がされているのです。

1万円の商品に対してそれ以上の価値を感じるのなら、100万円の商品がどんな価値をもたらすか、想像するだけでもワクワクしませんか？　もしあなたが買うのなら、絶対価値以上のものを与えてもらえる会社で買いますよね。

これでおわかりですね。

もし、あなたが高額商品を販売したいのなら、価格で悩むより、あなたが販売している低価格帯商品の質とサービスに力を入れてください。

そして高額商品の前に、手に取りやすい価格で販売するのです。それを手に取ったお客様の中で「対比効果」が生まれ、高額商品の提案にも耳を傾けてくれるようになります。

実践してみればその効果の高さにきっと驚くと思いますよ。

ちなみに私はよくメンタリズムのステージで、こんな話を観客にします。

「皆様の中で、私のことを知っている方は少ないかもしれません。そう考えると、こうして皆様の前で、メンタリズムのパフォーマンスができるのは、とても幸せなことだと感じております。私が他のメンタリストと何が違うのか、それは日本で初めてメンタリストという名前を名乗り、日本で初めてメンタリスト専門のメンタリズムバーを大阪で2店舗つくり、日本で初めて日本一のメンタリストを決める大会で優勝したことです。これが皆様が知っているメンタリストたちとの違いです。これで少しは価値を感じていただけましたでしょうか?」

この話をするだけで、今まで半信半疑で私を見ていた人まで、しっかりと私のパフォーマンスに集中してくれるようになります。自分の価値を上げる話術にこのような「対比効果」を使うことがあるのです。

Mentalism 2

こだわりのテーマパークで無駄使いする心理

「心理的財布」

私たちは心理的に複数の財布を持っている

メンタリズムはいかに観客に「世界観」を楽しんでもらえるのかが大切です。これはどの世界でも言えることですが、観客は日常を忘れたいのです。その日常を忘れさせてくれたら、人はお金を出しやすい、というお話をしたいと思います。

あなたも一度はディズニーリゾートなどのテーマパークに行かれたことはあるのではないでしょうか。入園をするとそこには日常とかけ離れた世界が広がり、子供も大人も単純に楽しめます。そんな魔法の国が広がっていますが、魔法をかけられるのはあなただけではなく、あなたの財布、つまり金銭感覚まで魔法をかけられているのです。

例えば園内で販売している食事や商品は日頃、私たちが立ち寄るショップと比べて、その金額は「高い」です。普段の生活で100円のものが180円になったとしたら、私たちは普通は戸惑います。ばからしくて買わないか、安い値段で売っている場所を探します。

しかし、私たちはテーマパークの園内に入ると、そんなことを忘れて、普段なら高いと感じる商品でも購入してしまいます。これを心理学では「**心理的財布理論**」と呼びます。

心理的財布理論とはマーケティング用語なのですが、所持している財布が1つであっても、購入する商品の種類ごとに心理的に複数の財布を持っている、という概念のことです。

例えば、1万円のものを買う場合、それが重要だと思われるものなら1万円の出費でも大した額ではないと感じます。しかしそれが重要でない場合は、同じ1万円であっても大きな出費と感じるのです。

人それぞれに色々な心理的財布がある

滋賀大学の神山進教授が発表した「心理的財布を指標にした消費者の価値変遷」という論文には、「心理的財布」によって、お金を使うときに「痛い」と感じる度合いが変わると書かれています。**学生がフランス料理のレストランに行くのと、社会人が行くのとでは、その**

痛み度合いが違うということです。

私には4人の息子がいますが、食費、教育費、休日に子供たちを連れていく費用など総額はかなりの金額になります。しかし、私にはその出費は痛いとは感じません。子供たちの将来をつくる教育、今の瞬間しか楽しめない休日、思い出をつくる遊びなど、すべてお金には代えがたいと感じるのです。

多くの親がそうであるように、自分のことでお金を使うよりも、子供たちのためにお金を使うことに喜びを感じます。しかし、独身でブランド志向の人や、欲しいものややりたいことがたくさんある人にとって、子供のために支払うお金は、きっと痛い出費と感じるのではないでしょうか。

「心理的財布」における消費金額の差は、ときには驚くほどの価値の差を生み出します。

秋葉原などに行かれたことがあるならおわかりだと思いますが、ときにマンガやアニメなどの高額商品の値段を見て、果たしてそんなに価値のあるものだろうかと感じることがあるのではないでしょうか。

消費者がどんな「こだわり」を持っているのかを考える

テーマパークの例でもおわかりのように、**私たちはそこに「付加価値」を感じると、痛みを感じることなく出費をします。**ディズニーなら魔法の世界に来たような感覚の「付加価値」であり、秋葉原のようなアニメグッズなどは希少性という「付加価値」になるのです。経済産業省が実施した消費者意識調査では、「自分のこだわりのあるモノについては、7割以上の人が多少高くても購入する」と答えています。つまり**何が「付加価値」となるのかは、消費者それぞれの「こだわり」によるところが大きいのです。**

では、ここで述べる「こだわり」とは何か。

もしあなたがビジネスで商品を販売する立場であるなら、自社商品に次のような点があるのかどうかを見極める必要があります。それがいわゆる「こだわり」となるからです。

それは品質・機能性という**基本的な価値**、または**機能価値**がしっかりしているかどうか、それに加えてデザインのよさ・コンセプトの独自性・商品の希少性といった消費者の「感性」に訴えかける**感性価値**を持っているかということが重要なのです。

ぜひあなたの商品を見て、これらのすべてが当てはまるかどうかを確認してみてください。すべてがクリアできていれば、間違いなく人はあなたの商品を欲しいと感じることできしょう。

また、商品を購入するとき、品質のよさ・機能性の高さ・デザインのよさが際立っている場合、3割以上高く支払ってもよいというデータもあります。さらにこだわりの強い消費者（商品のファン）はその商品値段に対し「6割以上高くてもよい」というデータもあります。

こう考えれば、ディズニーリゾートなどはこのすべてをクリアしています。

園内の清潔さや足が疲れないようにする地面の柔らかさなどの機能価値、ディズニーの世界観を存分に表しているデザイン性、コンセプトの独自性、そしてパーク内でしか購入できない商品の希少性、すべてがそろっているからこそ、ディズニーリゾートは最も成功しているテーマパークになったのではないでしょうか。

商品にこだわりがあるなら「名声価格」で勝負する

あなたの商品に「こだわり」があると判断できたら、商品はいよいよ売りに出されることになりますが、ここで重要なのはその商品の「価格」です。

実はひと昔前であれば、安さがアピールポイントとなっていました。ダイソーなどの100均一ショップが台頭してきたのもそんな時代です。そのせいもあって、私たちはどうしても金額を「安く」設定してしまうマインドができ上がっています。

しかし、もし前述のように、**あなたの商品がすべてにおいて「こだわり」を持つなら、あなたの考えている金額の少なくとも2倍以上に価格を設定しましょう。**安心してください。必ず消費者は購入してくれます。これは人間心理に影響を与える「**名声価格**」が成せるわざです。

名声価格とは価格が高いものは価値があり、価格の低いものは価値がないと感じる人間心理です。100万円のロレックスなら人は買います。しかし100円のロレックスに人はお金を出しません。なぜか。安すぎて明らかに偽物だと思うからです。

このように商品が「こだわり」を持てば、人間の心理的財布理論が働き、購入に結びつきやすくなります。

こだわりではないですが「価値」を生み出すという意味で、私はステージで「タイタニックジャッジ」という演目をよく行います。

タイタニックジャッジは簡単に言えば、観客の2人に30枚ほどの写真を交互に見せ、その写真に写っている人物に対し、何かを感じるかを聞くものです。

メンタリストは2人の観客の目の前に古い「シェーカー」と「十字架」を目印として置き、次に古い写真の束、20数枚を取り出して見せます。これらは、1914年4月の深夜に氷山に接触して沈没し、乗員乗客1513人が犠牲となった世界最悪の海難事故と言われているタイタニック号に乗っていた人々の人物写真であると説明します。

まず、古い「シェーカー」が目の前に置かれた観客に、写真を1枚ずつ見せては、何か惹かれるものを感じたら手元のシェーカーの所にその写真を置いてもらいます。何も感じなければ、机上中央に捨てて積んでいきます。観客の直感でシェーカーの所に置くかどうかを決めていってもらうわけです。

写真の束の半分ほどまで進んだら、残りについて、今度は「十字架」が目の前に置かれた観客に対して同じことを行っていきます。

すべてを見せ終わると、実は写真の裏には生存者か死亡者かが書いてあるとメンタリストは説明します。すべての写真の裏には、名前、年齢、乗船チケット番号、死亡日時、生い立ちなどが書かれていて、大きな文字で「死亡」または「生存者」と記されています。

そして今まで行ったことは、ある実験だと述べます。実はその古いシェーカーは、亡くなられた人の遺品で、また、十字架は生存者リストを乗務員が書いたときのものであることを告げるのです。そこで、シェーカーの観客が手元に置いた写真を見てみると、すべてが死亡者のものであり、一方、十字架の観客が手元に置いた写真はすべて生存者のものであるとわかるのです。つまり、写真はそれぞれの遺品に惹かれていったのです。

念のため、机の中央に捨てられた写真を見て見ると両者の写真どちらも混ざっています。

もちろんこの品物は本物ではなく、あくまでも演出上の話ですが、それでもこの品物をにぎった観客は、それが本物であると思いこみます。**なぜなら、しっかりと現象と物語がかみ合い、本人たちの中でその品物が「価値のあるもの」と認識されるからなのです。**

一度試しに、その品物は数千万円という値がついています、と話したところ、多くの観客は疑うことはなかったのです。

Mentalism 3

「リカバリーパラドックス」

クレーム対応はお客を固定客にするチャンス

本当にお客様は神様なのか

メンタリズムのパフォーマンスをしていると、たまにですが、変な観客が現れます。楽しむというより、最初から挑戦的な感じで接してくるような感じです。

最近の日本はクレームが横行していると感じます。ひと昔なら日本人の奥ゆかしい部分があり、声を大にしてクレームをつけるという行為は、ある意味恥ずかしいと感じる部分もありましたが、どうやら時代は変わってきたようです。

これは日本の「おもてなし」文化に加え「お客様は神様」という言葉が広がったのも一因だと思います。しかしながらこの「お客様は神様」というのは、実は言葉通りの意味ではないことを知る人は少ないのではないでしょうか。

この言葉は演歌歌手の三波春夫氏が語った言葉で、「お客様」とは聴衆のことです。客席に座っているお客様とステージに立つ演者、という形の中から生まれたフレーズであり、三波春夫氏はこのように語っています。

「歌うときに私は、あたかも神前で祈るときのように、雑念を払って、心をまっさらにしなければ完璧な藝をお見せすることはできないのです。ですから、お客様を神様と見て、歌を唄うのです。また、演者にとってお客様を歓ばせるということは絶対条件です。だからお客様は絶対者、神様なのです」

このような意味であるにもかかわらず、今やクレーマーの常套句として使われてしまっています。「おい、お客は神様だろ、しっかり謝れ」と言わんばかりです。意味もわからずそのような言葉を使ってしまっている知性の低さの割に、上からでしかものを言えないというその態度には、本当に残念としか言えません。

まずは**理解していただきたいのは、決してお客からお金をもらっているだけではないとい**

うことです。お金と引き換えにこちらは商品を渡しているのです。それは「等価交換」であり、感謝の気持ちや言葉はあくまでも売る側の「気持ちの言葉」だということです。

クレーマーの心理状態を知る

しかしながら、そんなことをいってもクレーマーが消えるわけではありません。お金を出している側の心理状態は、売る側よりもやはり有利であることには変わりはないわけです。だからこそいつまでもクレーマーは存在します。

ここではまずクレーマーになる人の心理状態を見ていきましょう。

固定概念

「この部分が全く開かない、こんなものを売るなんてどうかしている、すぐに返金しろ」と大きな声で文句を言うが、開き方はしっかり説明書に書かれてあり、お客が説明書の読み方を間違えていたという笑えないクレームも存在します。固定概念に凝り固まっているがゆえに起こすクレーム心理です。

ストレス発散

もはやただの八つ当たりです。日常の不満を、黙って聞いてくれる人にぶつけているだけの状態です。

クレームをつけられた立場でその気持ちを逆に発散

クレーム処理の作業をしている人に多いのはこのパターンです。日頃からクレームを言われていて、その投影心理です。クレームを言われた過去を再現することで、惨めだった自分自身が逆の立場で復讐をしている状態です。同時に、今の自分は過去の自分とは立場が逆転し、完全なる優位に立っていることを確認して満足し、安心するわけです。

認知欲求を満たす

自分を認めてもらいたいという認知欲求がクレームにつながったパターンです。「自分のほうが偉い、私は凄いのよ」と自分に満足する状態です。

このように見ると、**理不尽と感じる部分もありますが、結局は「認知欲求」を満たしてほしいのがクレーマーであることがわかります。**

しかし、なかには話す内容が支離滅裂な人もいます。このようなタイプの場合はなんともできませんので、とにかく距離を置くことに限ります。

リカバリーパラドックスで満足感を与える

企業も個人もクレーマーに悩み、その対策に四苦八苦しています。

以前、カップ麺焼きそばの会社がクレーマーの一言で、カップ麺の生産をストップさせたことは記憶に新しいのではないでしょうか。

あの対応には賛否両論がありましたが、私は「クレームを利用したネガティブキャンペーン」ではないかと思っています。

もしそうであれば、人間心理を知り尽くしているマーケッターが背後に存在していると感じるのです。実際のところ、そのカップ麺は話題を集めました。

もちろんこのようにクレームを利用する方法もありますが、正直クレームはないに越したことはありません。

しかし、ものは考えようで、**クレーマーに気に入ってもらえたらかなりの固定客になってくれます。なぜなら、自分の承認欲求を満たしてくれる場所はそうそう見つからないからで**

す。

ミスへの対応次第でお客がより高い満足感を得られることを、「リカバリーパラドックス」と呼びます。

クレーマーを固定客にする方法

ではどのようにクレーマーを固定客にしてしまうのか？　実はこの方法は今のクレームの対応のまるで逆をいくような対応なので、驚くかもしれませんが、実証済みの方法なので、ぜひ試していただければと思います。

クレーマーのクレームをしっかり聞いた上で、感謝の意を表すと共に、相手の人格も褒めてください。当然、相手は「そんなお世辞をいってもダメよ、なだめようとしてもムダだから」と返してくることでしょう。

そこで**あえて怒ってください。**

「失礼な！　私は正直な意見を言っただけです、なぜわざわざお世辞を言わなければならないのですか？　私もこの仕事にプライドを持ってやっております。お世辞なんて言いません！　いくらお客さんとはいえ、お世辞まで言って買ってほしいとは思いません！　失礼します！」

と話すのです。

このように怒りを表すことで、実はクレームはほぼ止まります。

これは**クレーマーの心理の裏には〝自分を認めてもらいたい〟という認知欲求があるため、あなたが怒ることによって、認知欲求を求めたはずが、逆に自分の認知欲求にマイナスが働くからです**。

一見こちらが怒ることは問題になるのでは、と感じるかもしれませんが、この人間心理をついたリカバリーパラドックスはどんな人にでも通用する方法なので、クレームがあったときはぜひ実践してみてください。

この心理術はステージでも活用しています。非常に少数ですが、困った観客がいたら、その観客をステージに上げて、逆に私の心を読んでもらうようにします。

例えばサイコロの目を手の中で振り、上に向いている目は何かを言い当ててもらうのですが、ことごとく当たるわけです。

「いや～、まいったな。もうこのステージ交代してもらってもいいですか」

などとお世辞を言います。

もちろんサイコロの目はすべて私が意図的に当たるようにコントロールをしているだけなのですが、**心理的に満足をしたその観客は、本当に満足した顔で最後までステージを見てくれます。そして最後には一番大きな拍手をしてくれたりするのです。**メンタリストは敵をつくらず、できるだけ味方をつくること、ステージにおいてはその姿勢がとても大切になります。

Mentalism
4

不完全なものほど強く記憶に残る「ツァイガルニック効果」

人前で話すのは自然体が一番

もし、私のメンタリズムのステージをご覧になったことのある人なら、私がパフォーマンスをする際、とても「自然体」であることがおわかりいただけると思います。

私は一切演技もせず、普段の私と全く同じ姿勢です。しかし、これは2002年のテレビデビューからそうなのかと言うと、もちろん違います。テレビにデビューした頃はかなり「つくって」いました。

しかし、自分を演じることは、パフォーマンスにおいてよくないということに気がつき、それから完全に自然体の自分でパフォーマンスをするようになったのです。

私の元に、ときどき「どうすればセミナーや講演で完璧に話せるか」という相談がありま す。身振り手振りはどのようにすればいいのか？　どのタイミングでどのように話せばいいのか？　そんなことを真剣に聞いてきます。

もちろん本人としては、セミナーや講演に参加された人を満足をさせたいのだと思いますが、私はいつも「とにかく今のあなたのままで、熱意だけを持って話してください」と回答するようにしています。

そんな回答は無責任すぎるよ、とたまに責められたりしますが、実は私のアドバイスした通りに熱意だけを持って話した人のセミナーや講演は、実際にうまくいっているのです。

印象を強く残すならツァイガルニック効果を利用する

なぜ私はこのように勧めるのか？　それは「ツァイガルニック効果」を知っているからです。**人間にとって未完成・不完全なものほど記憶と印象に残り、それを「完成・完全に近づけたい」という欲求と行動を引き起こすのが「ツァイガルニック効果」です。**

実に多くの人が完璧なプレゼンテーションを目指していますが、もしプレゼンテーションを「成功」させたいのであれば、考え方を改める必要があります。**プレゼンでの成功は「印象を残す」ことが第一であり、プレゼン力がある＝プレゼンの成功ではないのです。**

もし、あなたがアメリカのプレゼン番組、『ＴＥＤ』をご覧になったことがあれば、一番心に残ったプレゼンを思い出していただきたいのですが、きっと心に残ったのは「うまいプレゼン」ではなく、「感情が揺さぶられた」プレゼンだったと思います。

感情が揺さぶられたというのは、そこに熱意があったからで、決してテクニックで出せるものではないのです。

この**「うまくないが、熱意のあるプレゼン」こそが、ツァイガルニック効果の成せる業です。流暢で格好いいプレゼンテーションは、聞く者にとっては、それこそ内容が流れてしまい印象に残りにくいのです。**

不完全だけども熱意を込めたプレゼンがベスト

あのアップルのスティーブ・ジョブス氏がプレゼンのやり方を変えたと言われますが、あのプレゼンも決して上手なわけではなく、内容のシンプルさ、その前段階の話題づくりがあってこそで、流暢ではなく、スティーブ自身の熱意で話しているから有名になったのです。

その証拠に、あのプレゼンスタイルを真似する人たちが現れますが、うまくいかないことがほとんどです。なぜならあのプレゼンは熱意があって初めて成功するもので、テクニック云々の次元では決してないからです。

言葉がつかえる、声がうわずる、冷や汗をかいている、というプレゼンテーションは、格好悪いのですが印象には残るのです。印象に残るということは、そのプレゼンは不完全であり、その「不完全を埋めたい」という思考が働くのです。

もちろん内容がよくなければ印象の問題どころではないのですが、「**不完全だけれども、熱意を込めたプレゼン**」が多くの人の心をつかみ、理解者・協力者に変える力になるのです。

人は「続く」で終わると気になって仕方ない

不完全なものを完全なものにするための心理状態はプレゼンだけではなく、私たちの生活のいたるところに使われています。

例えばCM・テレビ番組・ドラマ・映画でも使われています。

ＣＭの場合などは、「続きはウェブで」と伝えた後でクリックマークにカーソルを合わせて〝カチッ〟と終わるものがありますが、視聴者にそのクリックした先にどんな情報があるのかを期待させるわけです。

またＣＭに入る前に、ゲストのびっくりする顔だけを映してインパクトを与えておき、別の番組にチャンネルを変えられないように、情報を完結させないことで視聴者の関心を継続させるのもお決まりのパターンです。

テレビ番組では、「衝撃映像は〇〇秒後に！」「この後、とんでもないあの人が登場！」といったフレーズも一般的ですし、ドラマでは新展開に入る手前で時間切れとなり、「次回に続く」という古典的な手法をよく使いますが、中途半端感が次回の視聴につながるというわけです。

恋愛においてもこのツァイガルニック効果は効果を発揮します。恋愛においては、気持ちの入れ込み度合いの強いほうが相手に主導権を握られるということは、多くの心理学の研究結果から報告されていますが、この主導権を握るためには何をすればいいと思いますか？

実は……。

トップセールスマンの「引きの営業」は効果絶大

恋愛の主導権の答えを言う前にビジネスの話もしておきましょう。

もし、あなたがセールスをしている場合、ぜひ活用していただきたいのが、トップセールスマンたちが行っている「**引きの営業**」です。**この「引きの営業」はまさにツァイガルニック効果を地のままに行っている手法です。**

通常のセールス業というのは、商品知識を完璧に頭にたたき込み、セールストークを覚え、客の前でペラペラと説明すると思っている人が多いようです。しかし、こうした「**押しのセールス」は昔なら通用していたかもしれませんが、もう今の時代では通用しない**ということを知る必要があります。

今は商品を「売りつける」のではなく、商品の信頼性とユーザーの声だけをしっかりと伝えて、「関心を持ってもらえたか」「長いお付き合いをしていただけそうか」ということをお客様に直接聞いてから説明に入るのです。

この時点でお客様が難色を示すようなら、すぐに「引く」。こうした「引く」姿勢が、かえってお客様の高い関心を引きつけ、説明を聞いてもらえるのです。その結果、関心のないお客様に時間をとられずに、より多くのお客様に会うことができるようになります。

本当に効果的な休み方とは

ここで先ほどの恋愛についての話題、主導権を握るためにはどうすればいいのかに戻りましょう、と言いたいところですが、ビジネスで使えるものがまだありました。

ここであなたのお仕事の質が向上する方法をもう一つご紹介したと思います。私も実践していて、かなりの結果を出している心理術です。

もし、あなたが仕事をしていて、休憩したいとき、どのようなタイミングで休憩をするでしょうか？　きっと多くの方は「キリのいいところ」と答えるでしょう。

しかし、そのような休憩のとり方は、キリのいいところで仕事が一旦終わっているので、その後にやるべき仕事に対するモチベーションが上がらず、ついついダラダラとしてしまうのです。

本当に効果的な休憩の取り方というのは、実は「中途半端な、やりかけの状態で休む」ことです。

ここでもツァイガルニック効果が使われているのはおわかりですね。一つの仕事の完成度が半ばを超えて、もう一息で終わる状態で休憩をとるのが効果的です。

理由は**「もう後少しの頑張りで終わる」という状態がツァイガルニック効果によって関心とモチベーションを持続させ、短い時間で仕事に集中できるようになるからです。**

「キリのいいところまでを完結した状態」の休憩は、「よし、とりあえず終わった！」とスッキリとした気持ちで休めるので、復帰までに時間がかかります。

今後はぜひ「もう後一息で終わる」というところで一旦休憩をしてみてください。その効果にきっと驚くと思います。

答えを最後まで出さないと印象に強く残る

ちなみになぜツァイガルニック効果と呼ばれるのか。この現象は元々ドイツの心理学者クルト・レヴィン氏によって提唱されたものですが、旧ソ連の心理学者ブルーマ・ツァイガルニック氏が実証実験を行ったことから、「ツァイガルニック効果」と呼ばれるようになったのです。

私もそのうち、いろいろな実験を行って、自分の名前がついた心理的効果を発表したいですね……あっ、恋愛の主導権のとり方ですか？　もしかしてずっと気にしていましたか？

もし「いつ恋愛の主導権の話に戻るのだろうか?」と気になっているのなら、私からの簡単なツァイガルニック効果にかかっていたことになります。

そしてもし、私がここでその主導権を握るための答えを出さないのなら、あなたはこの項目についての印象が深くなるはずです。ですので、ここで恋愛の主導権を握る方法をお伝えするのはやめておきましょう。

この項目で解説している事例を読んでいただければ、どのように恋愛に活かすのか、自然とご理解いただけると思います。ですが1つだけヒントを出しておきます、ヒントは「秘密を持つ」です。さぁ、もうおわかりですね。

この心理術はメンタリズムでは、開演前に来場者にお配りするチラシを使って行うことがあります。

ステージが進んでいる途中で「では、彼が考えた数字はショーの後にお知らせしたいのですが、ちなみにどんな数字でしたか?」と観客の一人に答えてもらうパフォーマンスです。メンタリストがその数字を当てることなくいきなり本人に答えてもらうので、それが何なのかわからず観客の中にはモヤモヤとする方もたくさんいることでしょう。

そしてすべてのステージが終わり観客が帰る出口付近で「開演前にお渡ししたチラシを忘

れずにご覧ください。必ずご覧ください。お持ちのない方はこちらでお配りしています」という放送がなります。すると観客はチラシを目にします。そこには何と彼が答えた数字がすでに書かれているのです。

観客の驚きようは感動ものです。

Mentalism 5

パフォーマンスを高める「低い目標」の立て方

「目標設定理論、自己効力感」

目標設定は必ず納得した上でやる

メンタリズムはすぐには身につきません。トリックはもちろんのことですが、観察や心理学をベースとした心理術など、多種多様な知識と技術、そして実践を要します。これらをすべて学ぶためには、やはりある程度目標を設定した計画が必要です。

「**目標設定理論**」とは、目標というゴールを意識したとき、やる気などのモチベーションにどのような効果を与えるのかを知る理論のことを言います。1968年にアメリカの心理学者ロック氏が提唱したものです。

まず、**目標設定理論では、モチベーションの違いは、目標設定の違いによって決まってく**

ると考えられています。

本人が納得して設定している目標については、曖昧な目標よりは明確な目標のほうが業績は高く、また難易度の低い目標よりは難易度の高い目標のほうが結果としての業績は高い、ということが研究で確認されているのです。

目標設定についての方法は多くありますが、やはり本人が納得していない方法では、結果を出すのは難しいと言わざるを得ません。本人がその方法に納得して初めて、目標を設定することができます。納得をした上で正しい目標設定をすれば、その目標に一歩近づいたと言えるのです。

目標は無意識に働きかけることで実現に近づく

心理学者のユング氏による、心の状態を海の上に浮かぶ氷山にたとえた図は非常に有名なので、あなたもきっと一度は見たことがあるかもしれません。

意識、前意識、無意識という領域の区分けを表しているのですが、**この目標設定をするときには、必ず無意識、いわゆる潜在意識の世界にアプローチをしないと成功しません。**

と言っても特に難しいことをするのではなく、目標設定をする際には、「目標設定をしながら、その目標を無意識の世界に投げ込む」ことが重要になります。

では、**目標を無意識に投げ込むにはどうするのか。**

簡単です。それは書くことです。細かく具体的に書くのです。何度も書くのです。それしか無意識にアプローチをする方法はありません。

「なんだよ、そんなことかよ。そんなことなら知っているし、もう何度もやっているよ」とあなたは思うかもしれません。しかし、今まで他人の目標設定を見てきて、しっかりと目標設定をしている人は1割もいません。多くの人は目標設定ではなく、いわゆる「やることリスト」を書いているだけなのです。

目標を具体的に書いた人とそうでない人の差は歴然

ちなみにアメリカのイエール大学に次のような調査結果があります。

1983年、大学卒業間近の生徒100人にアンケート調査をしました。

「あなたは、人生に明確で具体的な目標を持っていますか？」と聞いたところ、うち3

人だけが「具体的な目標を書き出している」と答え、残りの97人は「何も書いていない」もしくは「スケジュールは書いている」というものでした。
追跡調査で20年後、当時アンケートをとった100人にコンタクトしたところ、具体的な目標設定をした3人と残りの人との年収の差が、平均33倍も違っていたのです。

アンソニー・ロビンズ氏の有名な言葉があります。

「人生において、多くの人は『何をすべきか』を知っているが、その知っていることを実際に行う人は少ない」

これはまさに目標設定にも当てはまります。私たちは目標設定の重要性はしっかり理解しているはずなのに、目標設定をしない人のほうが多いのです。

具体的な目標設定がなぜ必要なのか。それは自分に納得をさせるためです。人は納得して初めて行動を始めます。納得をして歩みを始めると、目標に向かっていくためのモチベーションが生まれ、モチベーションが生まれると、人は目標へと自然に向かうようになるのです。

具体的な目標を書かない人は…

あなたもきっと幼稚園、または小学生のときに「将来はパイロットになります」「大きくなったら医者になりたいです」「私は歌手になります」などと書いた夢があると思います。

その夢が叶う確率はどのくらいあるのでしょうか？

もし、あなたが同窓会などに出席する機会があれば、昔の文集と照らし合わせるのもいいかと思いますが、ほとんどの人は当時書いたような夢を達成できていないということに気がつくと思います。

それはなぜでしょうか？　思いつきだからでしょうか？　いいえ、全く具体性がないからです。理由はそれだけです。本当にそれだけなのです。

もちろん子供のときは仕方がないのかもしれません、しかし大人になっても目標を具体的に書かないのには理由があるのです。

大人になると、私たちは色々な人と出会います。多才な人や実力のある人にも出会うことになります。すると人は他人の実力を見て、その人と自分を比較し、「この人と比べて自分は実力がない」とやる前から諦めてしまうのです。

本来、他人と自分の環境要因が違うので、実力の差があって当たり前なのですが、「実力の差」と「能力の差」の違いがわからずに、最初から諦めてしまうのです。そうすると、目標設定をしても、自分では納得がいかないので、具体的に目標を書けないという事態が起こります。

つまり目標達成をする「自信」が生まれないのです。

バンデューラー博士による目標を実現させる秘訣

心理学者のバンデューラー氏は「自信」と「目標達成」について、次のような理論を語っています。

例えば、年収5000万円を目指していて、その目標を達成するまで毎日15時間働けば到達できるとします。この15時間というのが「行動」であり、この行動をすれば希望年収に到達できると期待します。これを「**結果期待**」と呼びます。

そして行動をする前に、まず毎日15時間も働くことができるのか、それが可能だと思う自信が必要となります。これを「**効力期待**」と呼びます。つまり働けば5000万円は稼げると理解していても、毎日15時間というのが難しいと感じるのであれば、効力期待は低いため、人は行動に移せないのです。

そこで効力期待を高めるために自信が必要になります。これが「**自己効力感**」になります。

「自己効力感」は高い目標だと生まれないため、低い目標を設定する必要があります。つまり高い目標を設定する場合、それを細分化し、すべてを低い目標にする必要がある、ということです。

ここまで理解できればわかると思いますが、私たちが目標に到達するためには、まず低い目標を設定し、それをひたすらこなすということです。

そうすればあなたに到達できない目標はありません。

断言します。人間の能力の差なんてありません。あるのは「低い目標」を淡々とこなしていけるかどうかです。

低い目標をこなし、成功体験を積み上げることで「自信」がつき、気がついたときには、あなたの望んだ目標は必ず到達できているのです。

ここだけの話ですが、私はいまだにメンタリズムに関しての文献の研究を毎日必ず3時間は費やすようにしています。これは毎日です。日曜も休日も関係ありません。これを17年間続けています。つまり約1万8千時間をメンタリズムの研究に費やしてきました。

これで自信がつかないはずはないということは簡単にわかりますが、それでも1日たったの3時間です。そう考えるといかに「低い目標」をまず設定することが大切なのかがご理解いただけると思います。

おわりに　私とメンタリズム

こうして思えば、私の人生はメンタリズム一色の半生だったと思います。子供の頃に人の心を読むことから始まり、今やそれを職業としている。不思議と言えば不思議ではありますが、もしかすると、すべてが必然だったのではないかとも思えるのです。

私はメキシコ人の父、そして中国と日本の血を持つ母との間の子として、香港で生まれ、すぐにイギリスへと移住し、何不自由なく育てられましたが、9歳の頃に両親ともに死別し、日本の親戚の家で面倒を見てもらいました。そんな環境で私はいつも人の顔色をうかがうことに慣れていき、いつのまにか表情で相手の考えていることがわかるようになっていきました。

思えば、それが今のメンタリストとしての地盤固めになったのではないかと思うのです。

そして私の人生を決定づけた出来事が、10代で訪れたラスベガスでの、メンタリストとの出会いでした。

私が観たステージに立っていたのは、本著でもご紹介したメンタリストの大御所、マックス・メイビン氏で、ショーが進行していくなか、私はステージに上げられ、マックス氏は私の心の中に思い浮かんだ文字を見事に言い当てたのです。

そのとき、メンタリストという者は悪魔に魂を売り、人の心を読む能力を手に入れたのだと、本気で心に思ったほどです。

ちなみこれは余談ですが、私が出演させていただいた美輪明宏氏の番組『極上の月夜（ごくじょうのゲツヨル）』では、なんとマックス・メイビン氏が前座を務めてくださり、私がメインでメンタリズムのパフォーマンスをさせていただきました。しかもあのラスベガスのときの少年だということを、マックス氏はなんとなく覚えていてくれていたことが、感動ものでした。

その後、20代になり、祖母と叔父の住んでいたカナダを訪れ、すっかりカナダが好きになり、日本とカナダとの間を行き来することに。カナダにいるときには、カジノのディーラーとして働き、すっかりカジノという業界に夢を持つようになりました。

そこでは人はいかに感情に左右され、思考が左右されるのかが、手に取るようにわかるようになっていきました。

毎日9時間以上、目の前で大金をかけていく人を見ると、本当に人間模様が見えてくるのです。顔の表情の動きを見れば、どんな手が来ているのかがわかるようになり、次はいくら賭けるのかもすぐにわかるようになっていきます。メンタリストとして活動をしている今、私はこのときの経験をとても誇りに思います。

そしてメンタリストとして、他の人に体験できないものと言えば、カジノで働いていたことからギャングたちと接する機会があったことだと思います。このギャングとの接点は、人間の本質を問われるもので、私が他のメンタリストと圧倒的に差があると自負している部分がまさにここだと思っています。

メンタリストになるのはそんな難しいことではありません。心理学を学び、トリックを会得すれば誰でもなれるといっても過言ではありません。しかし、人間の生き死にをかけた交流の経験を何回もすると、言葉では表現がしにくいのですが、人間の心の本質が見えてくるのです。

それは決して「学ぶこと」で理解できるものではありません。それこそ最大限のストレスがかかる状態であり、胸が締めつけられるぐらいの苦しい状態で、すべて「経験」でしか身につかないものだと思います。

その中でも私の最大の経験は実弾でのロシアンルーレットでした。きっと経験したくても経験できないことだと思います。個人的に二度と経験をしたくないと断言しておきます。しかし、それらの経験が、私の人間として、そしてメンタリストとしての姿を形づくったのだと、今になって思うのです。


そんな経験を積み、30代になり、2002年頃バーを開店する運に恵まれ、私は当時、誰も知らなかった「メンタリスト」や「メンタリズム」という言葉を掲げ、日本初で唯一のメンタリズムバーを大阪で立ち上げたのです。

看板には「日本で唯一メンタリストがいるバー」というキャッチで、テレビの取材もあり、多くの人が訪れるようになりました。そしてその後、香港でメンタリズムバーを始め、アジアで1位2位を争う名門の香港大学で、「メンタリズム講座」を講義させていただく機会を得たのです。

このようにして私のプロのメンタリスト人生は始まったのです。

私にとって「メンタリズム」とは人生そのものです。

メンタリズムは多くの方に驚き、笑い、喜び、そして希望を与えるものだと確信しています。

本著が、あなたにこれらのものを与えられることができたら嬉しいです。そしてこの本の内容を学び、今度はあなたが与える番となることを願っております。

今回の出版にあたり、様々な方にご配慮、ご尽力を賜りました。特に本書を編集してくださった日本実業出版社の中尾淳氏、大阪のメンタリズムバーで初めてお会いして約10年以上経つのに、それでも忘れずに私のことを憶えてくれていたことに驚きと共に、またご縁が繋がり、こうして出版を共にさせていただけたこと、本当に心より感謝申し上げます。

最後に、いつも応援をしてくれ、生きがいを与えくれる4人の息子、ロワ、ロビン、ライアン、ホーク。そしていつもそばで支えてくれる最愛の妻である美奈に、ありがとうの言葉を贈りたいと思います。神とすべての出会いに感謝をこめて。

ロミオ・ロドリゲス Jr.
1972年香港生まれ。メンタリスト。幼いころよりイギリス、カナダ、日本と様々な国々で生活し、4カ国語を操る。相手の心を読み、暗示をかけ、誘導するエンターテインメント「メンタルマジック」を日本に確立させた第一人者。2009年香港に渡り、経営、マネージメント、ビジネスのゲーム性に心を奪われ、得意とする心理術との共通点に気付き、独自のビジネス心理方法論を作り上げる。2010年に香港大学の専修科でメンタリズムの講師として抜擢される。著書に、『97%の人を上手に操る ヤバい心理術』『メンタリズムで相手の心を97%見抜く、操る! ズルい恋愛心理術』(以上、SBクリエイティブ)、『気づかれずに主導権をにぎる技術』(サンクチュアリ出版)、『他人が必ず、あなたに従う黒すぎる心理術』『流れを操り、勝負を支配する 絶対に勝つ黒い心理術』(以上、PHP研究所)などがある。

メンタリズム 最強《さいきょう》の講義《こうぎ》

メンタリストがあなたの心理《しんり》を操《あやつ》れる理由《りゆう》

2020年 3月20日　初版発行

著　者　ロミオ・ロドリゲス Jr.

発行者　杉本淳一

発行所　株式会社日本実業出版社　東京都新宿区市谷本村町3-29 〒162-0845
大阪市北区西天満6-8-1 〒530-0047
編集部 ☎03-3268-5651
営業部 ☎03-3268-5161　振　替　00170-1-25349
https://www.njg.co.jp/

印刷/壮光舎　製本/若林製本

この本の内容についてのお問合せは、書面かFAX (03-3268-0832) にてお願い致します。
落丁・乱丁本は、送料小社負担にて、お取り替え致します。

ISBN 978-4-534-05770-9 Printed in JAPAN